本当に大事なものを
護りたい人が
知っておくべきこと

間接護身入門

間接護身アドバイザー
葛西眞彦 著

日貿出版社

はじめに

初めまして、私は元刑事で既に引退し、現在は台湾に住んでいる日本人です。刑事といってもあまりメジャーではない、知能犯係という詐欺事件や、公務員犯罪を取り扱う部署に主にいました。ただ人が足りなかったため、覚せい剤や暴力団関係の仕事も補助で並行してやっていました。

危険な現場がそれなりに多かったため、武術で修行したことをそのまま現場で活かさねばならない反面、訓練と現場のギャップがあまりにも多く、その差をどうやって埋めていくか、そのことに焦点を当てた修行と研究を現役当時から続けてきました。

いまもその経験がだいぶ生きており、現在は競技推手という中国武術の世界一を目指している武術好きでもあります。

また護身術については台湾でも出版したり、独自の理論を提唱しています。

本書で紹介する〝間接護身〟という考え方は、恐らく他の護身術を指導する方とは異なる部分が多く、驚かれる方もいらっしゃるかもしれませんが、お付き合いいただけると嬉しいです。

目次

第6章　身を護るための「証拠保全」 127

第8章　呼吸で嘘を見破る 183

本書の動画について

本書ではより読者の皆様の理解を深めるために、随所にスマートフォンや携帯電話で動画を視聴するためのQRコードがついています。お使いのスマートフォンにQRコード読み込みアプリがない場合は、それぞれの機種で指定されたアプリをダウンロードの上でご視聴ください。

また動画はすべてYouTube（https://www.youtube.com/）の動画配信サービスを利用して行っています。視聴については著作権者・出版社・YouTubeの規定などにより、予告なく中止になることがあることを予めご了承ください。

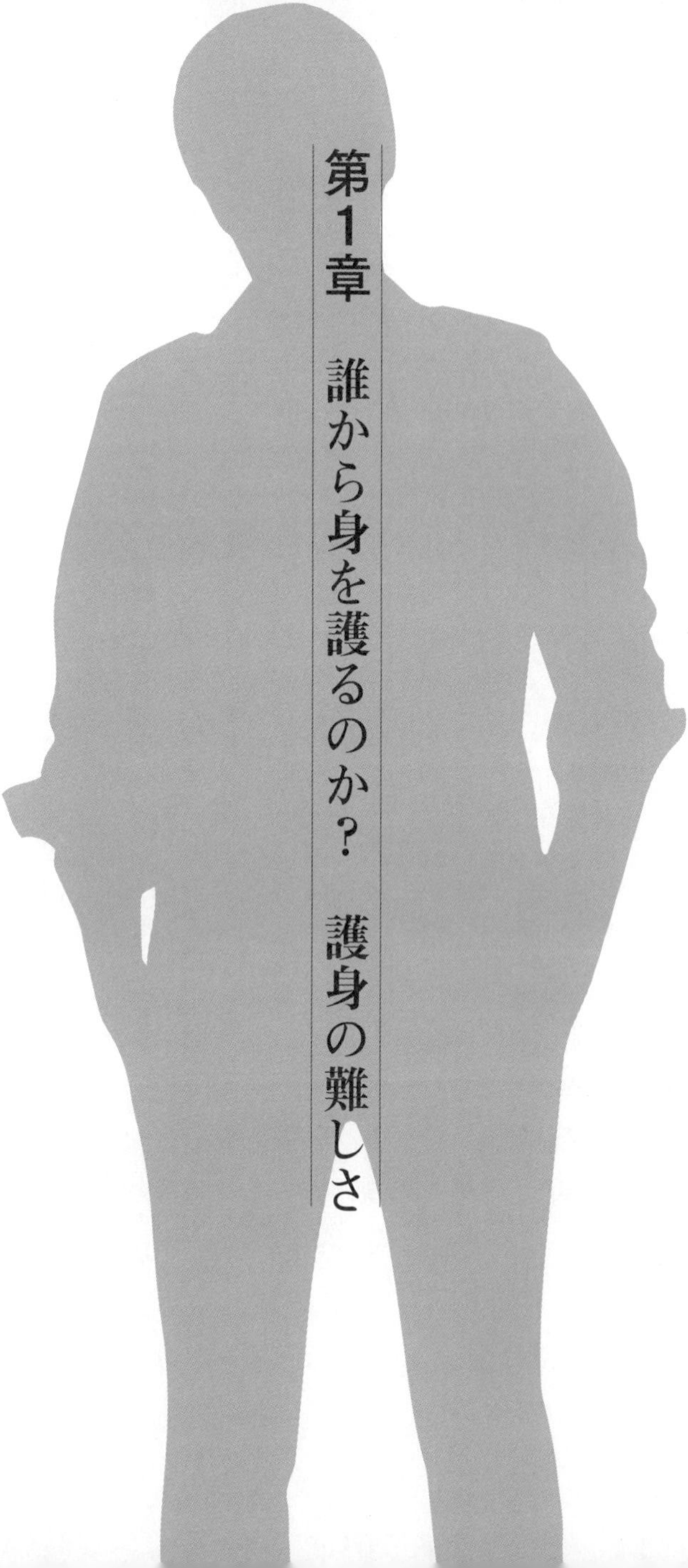

第1章 誰から身を護るのか？ 護身の難しさ

間接的護身とはなにか？

護身術というと「直接的な危害に対して何かをする」というのが一般的に定義されたものでしょう。

相手の攻撃に対して直接的に対峙して暴力をもって制する、これを私は〝直接護身〟と定義しています。字のごとく直接的に相手に攻撃を与えて身を護るわけです。

それに対して本書で私の提唱する〝間接護身〟とはなんでしょう。

〝護身術とは直接的な護身に終始するものではない〟と、私は考えています。

草食動物が危険を咄嗟に察知して逃げるかのごとく、暴力だけにとどまらず、自分に対して悪意がある者に対して、相手が行動に出る前に察知して回避する。または相手がそのような行動に出ないように習慣的に配慮し危険な人物との縁を深くしない。

これを私は間接護身と定義しています。

ここまでに二つの護身定義が出てきたわけですが、直接護身はリスクが高く、私個人としては、間接護身のほうが優先順位は高いであろうと常々感じています。

実際に直接護身をもって危機に対処した場合、社会的責任はもちろん、事後の結果として様々な問題が起きます。逆に言えば、直接護身を活用するのであれば、法律の解釈と社会的責任を理解しておく必要があります。

例えば何かのトラブルに巻き込まれた際に、話し合いの最中に激高した相手が殴りかかってきたので、正当防衛だと判断し殴り合いの末に相手を制した。

こうしたケースでは、お互いに民事刑事ともに訴えるケースになりがちです。「あっちが先に殴ってきたんだから、正当防衛だろう」という主張は通りません。留置場に拘留された挙句、罰金＋民事請求という最悪の結果になる可能性もあります。

また、数人がかりで恐喝してきたので、それに対して身を護るために全員殴って対処した、というケースでも、そこに客観的証拠がなければ「一方的に突然暴力を振るわれた」と相手側が訴えてきた場合、それを覆すこともできないわけです。この場合あなたは、傷害被疑者としての責任を科せられることもありうるわけです。

間接護身の必要性

これらは極端な例ですが、突き詰めて護身を考える際には、この間接護身と直接護身の二つを常に意識して視野に入れておかないといけないわけです。また直接護身だけに偏った考えを発信すると、自分はもちろん誤解やトラブルを生むことにもなりかねません。

相手の腹の内を察し、直接的な対峙に至らないようにする。これが間接護身に最も必要な技術です。特に衝動への耐性が弱い人を事前に知ることが大事です。

これを深掘りしていくと心理学、人相学、読心術、様々なものが必要となりますが、本書では誰にでもわかりやすく使えるものを事例として解説しながら、間接護身の達人になっていただきたいと考えています。


ここではまずその第一歩として、犯罪への衝動を抑えづらい人間を見破る、わかりやすいポイントのひとつについてご紹介したいと思います。大変簡単なことですので「なんだこれだけか」と思われるかもしれませんが、それだけに重要なポイントです。

簡単な危険人物の見分け方

まず警察官のことを「おまわり」「ポリ公」などと悪く呼ぶ人たちです。こういう人たちは過去に警察に捕まったことがある、または強がって虚勢を張りたい、反社会的な思想や習慣がある人が多い傾向にあります。

また犯罪衝動の耐性があまり強くなく、感情的になって間違いを起こす傾向があります。「ついカッとなって、やってしまった」というタイプです。

ものを粗末に扱う人も同様です。特に自分のものではなく、公共物や共用のものを乱暴に扱う人は、やはり自己中心的で他人に配慮することが苦手で、感情のコントロールがうまくできない人が多いです。

また、サービス業の方に対する態度もポイントです。

買い物や食事をしに行って、お店のスタッフに対して態度が悪く、偉そうにするタイプは、感情からくる衝動的な行動を抑えられない、人にいちいち上下関係を作り見下すタイプに多いです。

また酒に酔って店員さんや、周囲の人に対して高圧的な態度をとるようなら、要警戒です。酒に酔ったときの言動だけではなく、音を立てて食事をする、連れに配慮しない、だらしないしぐさをする、自分の自慢や相手にとって興味がない話を延々とするなど、様々な点で見ることができます。

日常の護身として大事なのは、付き合う人間の普段の様子から〝要注意〟の人物を縁が浅いうちに見定めておくことで、様々な被害や不要なトラブルを回避する。これが間接護身の真髄です。

口癖に注意！

日常の中で相手の性格が現れるのが「口癖」です。

自分の説明力が足りないにもかかわらず、勝手にイライラして「だーかーらー」というフレーズをよく連呼する人とも私は距離を取ります。

よく女性でも「だーかーらー」という方がいますが、男性でこの「だーかーらー」を連呼する人、また「だからよー」と言葉を伸ばして連呼するのには「もう何回も説明しただろう？なんでそれでもわかってないの、あんた頭悪いの⁉」という相手に対する不満が表れています。

当人は「だーかーらー」と言っていても、言われている側にはその意図がきちんと伝わっていないわけであり、そこにある自分の説明の悪さに気がつかず、また相手に伝わるように配慮して説明する意識や気遣いがないことがわかります。

こうしたタイプの人はなかなか改善するのが難しく、その点を指摘すると怒るタイプが多く、実際に傷害事件の取調べで「ついカッとなって」という被疑者の口癖に多かったのが、この「だーかーらーよー」と連呼する人でした。

こうした場合、私が「〝だーかーらー〟って、さっきから何度も言ってるけど、誰もあな

だーかーらー、
何回言えばわかるんだよ!?
ポリ公が
うざくてさぁ
注文が遅えんだよ
ふざけてるのか？

性格が最も出るのが普段の口癖や、
従業員や店員への態度です。

たから明確に理解できるような説明を受けていませんよ」と言うと、大体一瞬にして感情が沸点まで達して喚き立てていました。

謝らない人間も同じで、非があることを追及して追い詰めると、逆切れして暴力に転じるケースが多いのです。また、約束を守らないルーズな人間には社会的責任感が希薄なタイプが多く、こういったタイプも衝動的な感情を抑えられず、犯罪行為に走る可能性が高いと言えます。

程度の問題もありますので、そこは常識を働かせつつ見極める必要があります。ただ「金がない」「忙しい」が口癖で、そこに「約束を破る」が加わるのであれば、すぐに離れるのが正解かもしれません。

間接護身の核「聴勁」

聴勁《ちょうけい》という言葉を聞いたことがあるでしょうか?

これは主に中国武術で使われている言葉で、相手の力や動き、意図を〝聴く〟ことを指します。細かいニュアンスは各流派によって違うでしょうが、間接護身における〝聴勁〟の定義は、五感の作用で相手の動向や感情、目的などを読み取り、危険を察知して事前に回避することで「間接護身」の核とも言える部分です。前述した態度や口癖から事前に危険を察知するのも「聴勁」のひとつと言えるでしょう。

護身術の難しさ

事前に危険を察知する技術は非常に重要です。多くの直接護身では相手の攻撃に対処することが前提ですが、実際にはそれでは遅いのです。私の経験から言えばまず間に合わず、またいくら「こうきたら、こうする」という練習を繰り返しても、本気で殺そうと突然仕掛けてくる人間に対処するのは、極めて難しいのが現実です。

ただ、本書用に今回技術の動画を撮影しましたが、やはり状況設定を設けないとどうしてもわかりづらいと出版社側から指摘を受け、胸倉を掴んだり、殴りかかったりといった、想定の上で解説をしています。動画で人に伝えることでさえも、「ああきたら、こうする」的な設定がなければ多くの人に伝えづらいということを、今回改めて感じました。

そもそも全力で殺しを仕掛ける人間と、それに対処する人間には、圧倒的なハンデが生じるのですが、そのことを考慮した直接護身はなかなか目にすることがありません。

シミュレーション自体が難しいこともあるのでしょうが、実際に殺そうとする人間と、何度も対峙した経験のある人間でないと、理解ができない感覚なのかもしれません。

付け加えて言うと、直接護身で通常練習している殺傷攻撃に対処する多くは、刃物を既に出していて、どんな攻撃をして襲ってくるかが事前にわかっているものが多いです。ですが、本気で殺そうという人間は、大抵事前に自分が刃物を持っている情報を相手に与えません。相手の不意をついて突然襲いかかります。護身術の教室などで広く行われている、刃物を持っている情報を相手に知らせたところから近づいて、何かをするという想定の練習は、映画や通り魔事件などの影響ではないでしょうか。

また対刃物を含めた技術を実際に護身で生かせるようになるには、毎日数時間単位の稽古を長期にわたって徹底的に行い、無意識かつ瞬時に技が出るレベルが最低限必要であると考えます。ただ、そこまで練り上げたとしても、不意の攻撃に対処するには、相手との圧倒的な実力差がないと極めて難しいでしょう。これは警官時代に何度も刃物を持った人間と対峙したり、突然襲われた経験からくる実感です。

私が実際に経験した例は、警察官としての職務中でしたので、少しニュアンスが違うかもしれませんが、相手が突然刃物を出して不意を襲うケースがほとんどです。

攻撃の間合いの外にいるときから既に刃物を出しているケースは、既に私以外の人間に対して危害を加えているケースでの臨場や、路上で刃物を持って暴れている錯乱状態の相手、通り魔に遭遇するような事件、または殺意はないけれど感情的になり相手を威嚇したくて刃物を出してこう着状態になっていたケースです。

本当に殺意がある人間による刃物を使った事件の多くは、隠し持って近づきすぐ刺せる間合いから、ポケットやバッグから刃物を出し、相手が反応できないうちに一気に襲いかかる。こういうことが大半なのです。明確な殺意を持ち「自分は安全なまま、相手が抵抗できないうちに仕留めたい」と考えれば、別に訓練を受けていない人間でも、本能的にこういう行動に出るものです。

逆に最初から刃物を出して相手に見せている場合は、いわゆる殺意はなく相手を威嚇する目的であることが多く、こういった場合は相手を追い込まずに、交渉したり説得することが可能なケースも多いのです。こうした心理状態の相手を無理やり制圧しようとすると「殺す気はなかったけど殺してしまった」という結果になる可能性もあるわけです。

また、相手が凶器を出した＝どんな手段を使っても構わないというわけではないことも、頭に入れなくてはならず、対処には殺意の有無を明確に見極める必要があります。

これについては、本書第11章に別途事例を出して触れたいと思います。

凶器は一つではない

また従来の直接護身で使われる技術が、現実の場面で使うことが難しい理由のひとつに、刃物を持つ人間は、必ずしも刃物を一つしか持っていないわけではないことが挙げられます。実際は、二つ、三つ隠し持っている人間がいて、うまく一つ目の刃物を取り上げて取っ組み合ったら、次の刃物を出されて負傷する、こういうこともあるのが対刃物の現場実態です。

さらに厄介なのは、刃物の持ち替え、つまり右手に持っていた刃物を突然左に持ち替えて刺すわけです。これも訓練を受けていない素人でもよくやります。

この対処は大変難しく、特に刃物を持つ腕を掴んでいる最中に突然やられるケースがありかなり危険です。

それ以外にも相手を掴んで刺す、殴る蹴る、取っ組みあって頭突きから刺すなどの連続攻撃から刺してくることもあり、刃物を持っているからといって、刃物以外の攻撃を一切しないなどということはあり得ません。

多くの対刃物の想定訓練では、こうした武器以外の攻撃を絡めた技術に対処する練習や、実際に刺さらない程度の道具を使って、自由度の高い条件でやるようなことは、あまりしないのではないでしょうか。

また、仮にそうした訓練を行っていたとしても、実際に本気で殺そうと全力で攻撃してくる人間と対峙するのとは全く違います。

こちらが必死で対処しようとしても、相手は全力で攻撃してくるために技はかからず、どうしても刃物に対する恐怖で腰が引けてしまうため、訓練でできたことも実際にはできなくなります。

まとめれば、多くの対刃物の護身の視点には、

- **不意を突かれることを前提にしていない。**
- **実際に攻撃されるときの心理状況と、身体状況を考慮していない。**
- **本気で殺す意思を持った人間の攻撃特性を前提にしていない。**
- **実際に命のやりとりを経験した人間の事例を、検証していない。**

といった欠点があり、実際の現場との温度差が埋められていないというのが私の感想なのです。

これが軍隊で自分も相手を殺すことを前提にした訓練であれば、考慮する要素が全く違う

ため話が違ってきますが、一般の人が刃物の攻撃から身を護りたいという前提であれば、研究すべき課題ではないかと思います。

やや一般的な護身術を教えたり学んでいる方には厳しい言葉が並んでしまったかもしれませんが、これが元警官としての私の偽らざるところです。

個人的には、検証できるかどうかが微妙なあやしい武勇伝の話をまとめるよりも、実際に殺人未遂の被害を受けた人の話を聞き、現場と状況を検証してどうすれば事前に察知できたか、対処するにはその環境では何が必要だったか、相手が知人であった場合なら、どうしたらこのような事件が起きない人間関係を築くことができたかなどを深く掘り下げ、周知することが大事なのではないかと感じています。

警官時代の苦い思い出

せっかくですので、参考までに私自身が警官時代に刃物を持った相手に襲われたケースについて書いておきましょう。

交番勤務時代に「バイクを盗まれた、現場で待つ」という通報がありました。人気のない現場に一人で向かったところ男が一人いて、「ここで自分のバイクを盗まれた」と言います。そこで、その場でまずは被害状況を確認しようと思い、メジャー等の道具をカバンから出そうと相手から目をそらしたところ、突然刃物を出して襲いかかってきました。

当時私はまだ経験が浅く、襲われたその瞬間まで相手の殺意に気付きませんでした。何が起きたかわからず、まず刃物の一撃を胸に食らいました。そのときは鉄板の防護衣を着けていたので、刃物は刺さりませんでしたが、威力自体は防護衣が吸収してくれるわけではないので、肋軟骨が折れました。着けていなければあるいはそこで死んでいたかもしれません。

この不意打ちで恐怖と混乱が私を襲いました。〝どうしたらいいのか⁉　銃で撃ってもいいのか？　いや、警棒で対処すべきなのか⁉　殴るべきなのか⁉〟正直そんなことを判断する余裕すらありません。

それでもなんとか相手の腕を掴んで取っ組み合いに持ち込み、次の攻撃は防ぎましたが、そこから何をすべきか判断ができず、そんな迷いの中、相手は刃物を持つ手を右から左に持ち替えて執拗に私を刺そうとします。〝このままでは間違いなく殺される〟。それだけはその時点でわかりました。

こうなってしまうと相手のダメージに配慮するようなきれいごとで対処する余裕はありま

せん。結局のところ私がとった手段は、頭突きを相手の顔面に食らわすことでした。相手がひるんだところで刃物を持った腕を力いっぱい打って叩き落とし、腕への関節技を仕掛け、手錠をかけました。それが精一杯でした。結局仲間が来るまで、無我夢中で押さえつけていることしかできませんでした。

この事件によって、耐えがたい恐怖のトラウマに悩まされ、数カ月ほどまともに寝ることもできなくなりました。

しかし、これは非常に重要な教訓になりました。相手が殺意を隠していたら、不意を突かれ、いくら訓練を受けていても対処が難しいということです。

それまで相手が最初から刃物を出していることが前提の対刃物の訓練は、嫌と言うほど受けていました。また私は子どもの頃から武術をやっていたので、それなりに自信があったつもりでした。ところが相手が不意打ちで本気で殺しに来たら、この程度しかできなかったのです。〝自分が今まで必死で修行し、培った自信はなんだったのか？〟と強烈なショックでした。

鉄パイプの恐怖

不意を打たれたのはこれだけではありません、思い出せばいくらでも書くことができますが、ここではもうひとつ例として挙げましょう。

これも交番勤務時代です。ある男性が交番に道を尋ねに来ました。私はそのとき激務で疲れていて気が緩んでいたため、相手の殺意を察知することができず、招かれざる客人は普通の人にしか見えませんでした。

地図を開いてテーブルに置き、道を確認しようと地図に目を落とそうとしたときに、相手のズボンのポケットが棒状に膨らんでいることに気付きました。「それはなんだ？」と相手に聞いた瞬間、男の態度が豹変し、その隠し持っていた棒状のもの＝短い鉄パイプで殴りかかってきました。

このときは襲われる直前に気付いたので、相手を組み伏せて制圧することができました。ですが、理想としては交番に入った瞬間に、相手の目的や異常な気配に気付いていなくてはいけないのです。

鉄パイプを隠し持って動いていれば、歩き方も多少不自然な動きがあったはずですし、警官を襲おうという目的があるときは、ある種の興奮と緊張状態になっているので、どんなに平静を装っても、顔が少し紅潮して呼吸に乱れが出たり、たった一言二言の会話にも声の震えが生じたり、目の焦点が合っていなかったりと、当然なにかしらの違和感を察知できたはずなのです。
もし私が鉄パイプの存在に気付かず完全に地図へ意識を向けていたら、無抵抗のまま頭を鉄パイプで殴打され死んでいたかもしれません。

この二つのケースは、私の聴勁が未熟だったためと後で振り返ってもよく思います。瞬時にもっと細かく相手を見る技術があれば、間合いに入る前から察知ができたのです。ちなみに相手はどちらのケースも、拳銃を奪うのが目的でした。

「なんとなく」を確信のある「能力」にする

様々な出来事から性格的に臆病だった私は、あらためて徹底的に護身についての研究を深掘りしていきました。

そのなかでお勧めするのは、なにか違和感を感じたら一定時間ごとに立ち止まり、そのとき周囲にいる人間をチェックするのが有効です。そのときになにが違和感の原因なのかを見つけることです。〝人の流れの中で立ち止まっている人がいる〟〝場違いな服装の人がいる〟〝集団で静かにして、何かをうかがっているような人たちがいる〟など、自分のセンサーに引っかかった要素をしっかり認知することが大事です。ほとんどの場合「気のせい」と思われることでしょうが、強い違和感を感じるのであればそこから離れるようにしましょう。大事なことは自分の感じた違和感を認知して、必要と感じたら行動に移すことです。

特にこれは尾行対策に有効です。その際に〝どういう人物がいるか〟をなんとなくで構わないのでチェックすることを何回か繰り返すと、視界の中にずっと同じ人間がいることがわかってきます。なかにはご丁寧にも上着だけ変えて付けて来る人間もいるので、ある程度顔や他の特徴も軽く頭に入れておいたほうがいいでしょう。

尾行をする人間もそれぞれ手を変え品を変えで、真後ろを馬鹿正直に付いて来るとは限らず、道路の反対側や、ずっと後ろにいたり、時間ごとに人を変えて尾行したりもします。また乗り物を活用する場合もあります。もしバイクや自転車が執拗に周囲をうろちょろしていたら、若干警戒したほうがいいでしょう。

電車に乗るときも同様です。自分をちらちらと見る人間がいるときは要注意です。対象がいつ降りるかわからないため、こうした見方をしてくるわけです。

この感覚を養うためには、まず〝なんとなく〟のアンテナを磨くのが大事です。この感覚は一般に女性のほうが敏感で、不審者に狙われると比較的早い段階で察知します。男性は鈍い人が多いです。

日々の生活の中で違和感を感じる洞察力

刑事というと「張り込み」と呼ばれる、対象の近くに身を潜め相手の動きを探る捜査方法を思い浮かべる方も多いでしょう。現職時代は私も多く行いましたが、逆に得体の知れない相手から「張り込まれる」こともありました。理由は様々ですが、特定の警察官個人の情報を知って利用する輩もいるわけです。

こうした張り込みの察知は意外と楽です。ぽつんと立っていると目立つし、隠れる場所か張り込める場所がない限り相手は大抵の場合車ですので、いつも車が停まっていれば警戒対象として近づいて、中にいる人間がどういう人間かを遠目から確認し、数日経ってもいるようであれば、通報して警察に個人情報を特定させたりして圧を掛けていきます。

この場合、車内に人がいなければただの駐車違反の可能性もありますので、車の中に人がいるかどうかは、それなりにチェックしておく必要があります。

ただし、組織化された連中の場合は、エンジンを切ったワンボックスの後部などにカーテンを引いて、一見無人にしか見えない状態を作って張り込みをしたり、場合によっては空きビルの共有部分に忍び込んで張り込んだり、空き家を借りたり、勝手にどこかの家屋に侵入して張り込んだりと、予想できない角度や状態を作って、張り込みをする可能性もあります。

ここまでしてくる人間はそれほどいませんが、ストーカーや計画的な窃盗などを狙う相手は事前に相手の行動パターンを調べるために張り込みをしているケースもあります。ですので、日々の生活の中で何か違和感を感じるようなら、こうしたところにも洞察力を持って、観察する必要があります。

違和感の原因を深掘りする

「相手のどこを見ればいいのかわからない。それは警察官特有のスキルでしょう？」

そう思われる方もいるかもしれません。しかし例えば、奥さんの機嫌が後ろ姿を見ただけでわかったり、自分の上司が朝から機嫌が悪いことを、別に会話をしたり、じっくり顔色をうかがわなくてもわかったりしませんか？　飲み屋さんの主人が、無銭飲食を前提に来店した人間のことをなんとなくわかったりするのも同様です。

では、そんな風に感じた理由はなんでしょうか？　深く掘り下げてそう感じた根拠を探れば、理由が明らかになるはずです。長い付き合いゆえに表情を見なくても、一瞬背中を見ただけで感情による動きの癖を見抜ける、歩き方でわかった、声が少し震えていた、椅子の座り方が不自然だった、過去の無銭飲食をした人間と表情や態度が似ていたなど、所作をきちんと見ていれば、色々と察知するポイントがあるわけです。

こうしたことを「過去の経験値からなんとなくわかった」と言うのが普通の人ですが、これを「なんとなく」ではなく、いつでも察知する能力として身につけるために、聴勁の感度を磨くのが間接護身にとって重要な要素であり、磨くべき技術となるわけです。

次の章ではいよいよ間接護身の要である「聴勁」のお話をしていきます。

第2章　聴勁を鍛えて身を護る

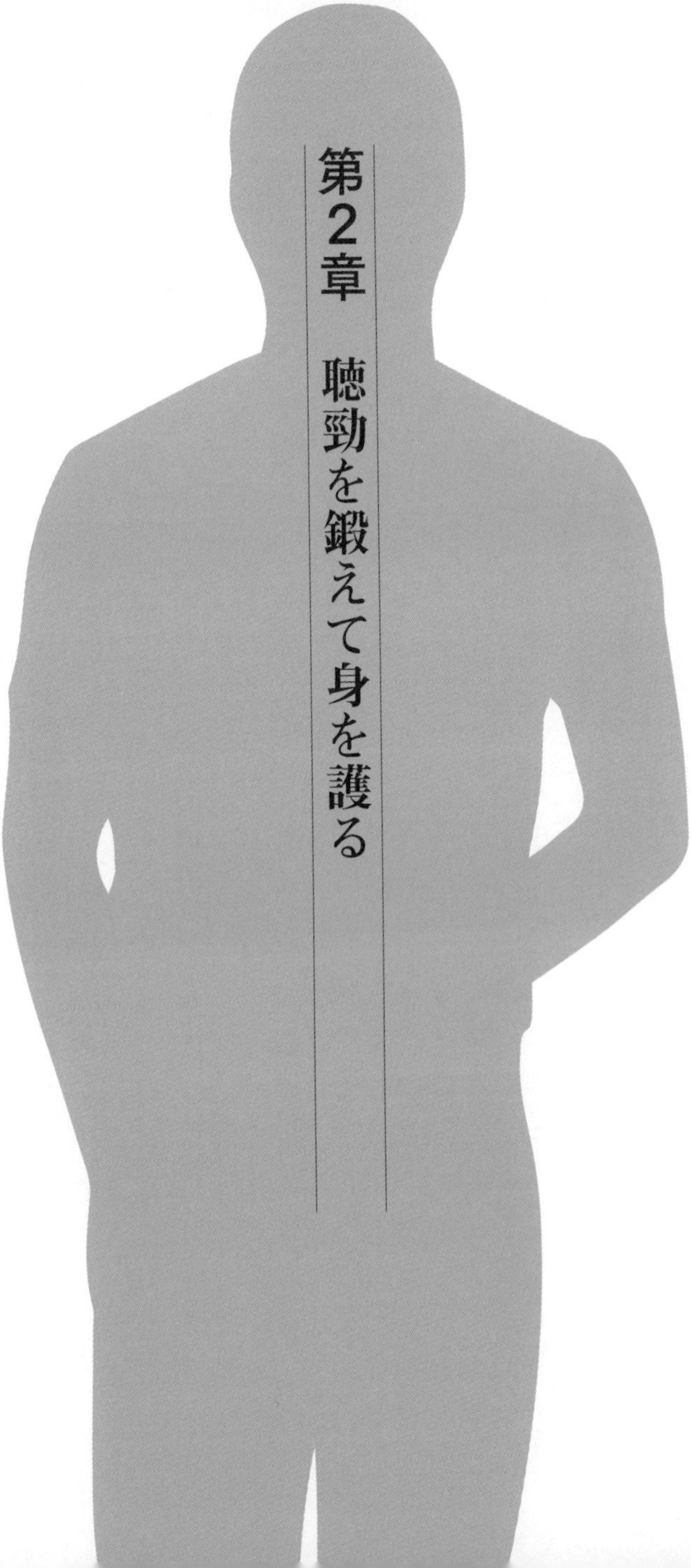

聴勁の基本は「五感」を磨くこと

では、ここからが本題の聴勁の話です。聴勁の感度を高めるために必要なものはなんでしょうか？　それにはまず五感の作用を理解して、一つ一つを磨くことから始まります。

警察の職務では、犯罪現場は五感の作用をもって、ありのままに事件の状況を記録して、犯人像や証拠を明らかにしていきます。この五感の作用は警察や司法の検証だけではなく、誰にでも重要なものです。

私が今ここで言う五感の作用とは、別に特殊なことではなく、ごく普通の味覚、触覚、嗅覚、視覚、聴覚、といったいわゆる感覚器官のことです。

この感度を高めることは極めて大事です。

1．味覚

まずは味覚。相手が毒や薬を盛ったら、その違和感を察知するのは最重要と言ってもいいでしょう。実際に眠り薬や毒を盛られて被害を受ける方もいるわけです。また味覚を磨いておけば、食あたりするリスクも減ります。

私は台湾に住んでいますが、人一倍胃腸が弱いため食あたりのリスクが高く、外食するたびに常に警戒態勢です。私が感じるかすかな腐敗臭は台湾人の大半は感じないようで〝これを食べたらあたるな〟というレベルのものでも、「大げさだよ」とか「気のせいだよ」と返されることが多く感度の差に嘆くことが多いです。また、台湾人のほうが圧倒的に胃腸が強いので、私があたるものでも彼らはあたりません。私が弱いだけなのも付け加えておきます。

2. 触覚

触覚はどうでしょうか？　偽札や偽造文書を掴まされたときに〝紙質が違うな〟と察知するためにも触覚はとても大事です。刑事の場合は死亡原因を検証するときにご遺体を触って確認したりと様々な場面で触覚を駆使します。

また、軽く相手の肩などを触ったときに感じる筋肉の緊張などから、そのときの状況や会話の内容を含めて相手の腹の内を察知することもできます。握手ひとつでも、色々な人と握手をしていると、手のひらの感触で相手の情熱や、汗による緊張、さらに深掘りすれば掌を通じて肘肩全身の緊張や体の重心の具合から、こちらを信用せずに対抗心を持っているとか、性格的に嫌な奴かどうかまでわかってきます。

「触れなきゃわからないんだから簡単に磨けないだろう」と思わず、様々な機会を捉えて触覚を磨いてみてください。

その気になれば触覚を磨くチャンスは、いくらでも転がっています。セクハラは駄目ですが、相手に不快感を与えないように気を付けながら経験値を高めていくのです。

私は食べることについて異常にこだわりますが、食事も手で食べるとまた触覚の刺激の作用により、違った味わいになることもあります。色々なところで触覚を活用する習慣を身につけると、徐々に鋭敏になってきます。

3. 嗅覚

次に嗅覚、匂いですね。私は化学物質過敏症を悪化させたせいで、普通の人よりも、かなり匂いに敏感です。普通の人は気付かない些細な匂いの変化にも気付くし、そのため一定の人や物を避けたりするほど不便なことが多いですが利点もあります。例えば違法薬物の常用者は、特有の甘酸っぱい匂いがすることが多く、そこに不規則な生活からくる体臭が入り交じった独特な匂いがすることがあります。また、こうした匂いを誤魔化すために必要以上に強い香水をつけていることもあり、異常を見つける手掛かりとなります。

警察官時代にこうした人に職務質問を行うと、目に見えて異常な汗をかいたり、要を得ない言動、瞳孔の違和感となって現れ、検挙につながることも少なくありませんでした。

話が少しずれますが、最近は髪がこげるまでドライヤーを当てている人が増えました。時間が経っても髪が焦げた匂いは発生し続けるので、数メートル離れていてもすぐにわかります。嗅覚が鈍くて自分の髪が焦げている匂いがわからないのだと思いますが、そういう方と接すると、嗅覚にとどまらず、様々な点で察知する能力が鈍い方が多い傾向があります。

嗅覚の情報は人を読むのにとても重要です。例えば香水を大量につけている人はどうでしょう？　外国の方にも多いのですが、彼らは文化や感覚が違うのでここでは省きます。日本人という文化と感覚の中で、周囲の人が嫌がるほど香水がきつい人というのは、大抵許容を超えた自己中心的なタイプです。「こんなに香水をつけたら、周りの人に迷惑じゃないか」といった配慮や周囲を察することができないわけです。何よりも、自身の嗅覚がすでに鈍くなっているので、様々なことを察する能力も鈍い方が多いです。

また年相応じゃない若者向けの香水を中年になってもつけている場合は、自分を客観的に見ることができないタイプであることがわかります。

さらに付け加えると、数日入浴もしない不潔な状態の体臭を隠すために香水をつけている人もたまにいます。私の場合は香水に混じった異臭からすぐに察することができるのですぐわかりますが、こういうタイプは不衛生なだけでなく、生活習慣や家庭環境に問題があったり、人の気持ちを察したり、配慮する能力に欠け、なにか問題があっても解決せずに誤魔化そうとする人が多いです。

体臭にも人それぞれ個性があり、体質ゆえの匂い、生活習慣が悪い人の匂い、食生活による匂い、劣悪な環境にいる人の匂い、職業によって抜けなくなった匂い、病気の匂い、服用している薬が原因の匂いなど、放つ匂いによっても、それぞれ違いがあります。

これらは判断するのにはそれなりの経験値が必要ですが、慣れてくると、徐々に匂いからその人柄や生活スタイルまでわかってきます。ですので臭い人がいても「匂いがきついな」で終わらせるのではなく、なぜ臭いのかその原因を深掘りして、探求するぐらいの好奇心があったほうが五感を磨くチャンスにつながります。

4．視覚

視覚。これは誰もが頼っているものですが、最近は視覚で注意することを放棄して町を歩いている人が増えました。わかりやすいのが「歩きスマホ」ですね。歩きスマホに夢中になると、向こうから刃物を持った通り魔が近づいて来ても気付けません。また急ブレーキや急発進を繰り返している明らかに挙動がおかしい運転の車が近づいて来ていても、気が付くことができません。これは自ら安全を放棄している行為とも言え、護身の面からはもちろん周囲も迷惑ですので歩きスマホはやめたほうが良いでしょう。

また視覚は相手の反応を洞察するのに大変重要です。軽くカマをかけて相手の反応を見たり、相手が嘘を言っているサインを見抜くときなど、一瞬の変化を見逃さない視覚がとても重要です。

言われたくない言葉、隠したいことを指摘すると人は動揺します。そんなときは、どんなに平静を装って隠そうとしても、隠しきれない小さなサインが必ずあるので、それを見抜くために、常に視覚の感度を高めておくことが大事です。

5. 聴覚

そして聴覚。これもまた大事なのですが、聴覚を放棄している人も沢山いますね。音楽を聴きながら歩いたり、スマホにイヤホンを付けて動画を見ながら歩くのは実に危ないと思います。

聴覚を敏感にしておけば、暗い夜、遠くで怪しい連中がたむろして騒いでいるのも事前にわかるわけです。音楽を聴いていて、そうした状況を事前に察知できず「いつもの帰り道だから」と、のこのこと近づいて親父狩りや暴行にでも遭ったら悲惨です。聴覚を大事にしていることで未然に防げるトラブルは沢山あります。

また聴覚が鋭敏であれば、相手の声が急に裏返ったり、会話の速度が微妙に変わったりすることに気付けます。声の背後にある動揺や感情の起伏も察知でき、声の質や声の大きさなどから、相手の覚悟や本気度などまでわかったりします。相手の脅しが本気かどうか、嘘をついているのかどうかなども、ある程度声を聞いてその声の変化からわかるのです。

これらの五感に基づいた経験値を積み重ねることによって、これから先、起こりうる危険や悪いイベントはもちろん、人と接する際に相手が思っていることの予測が可能になるわけです。

この予測が間接護身の醍醐味となるのです。

五感を磨く秘訣は食事にあり

自分に害を与える人間が近づいて来る前にその場を離れることや、会話で相手の腹の内を察して、こちらに有利になる駆け引きや交渉に持ち込んで、トラブルを未然に防ぐことが間接護身の大事なポイントのひとつですが、それだけにとどまりません。これを応用すれば異性に好感を持たれたり、上司からも好意的に見られたり、接客や交渉をスムーズに進めるなど、様々なことに応用できるでしょう。

慣れてくると刑事の勘で「こいつが犯人だ」と、取調べや証拠などを分析する前からわかることがありますが、それはいわゆる過去の経験と、訓練された五感の作用が、言葉ではうまく説明できないけれど確実な答えにつながるのだと思います。

この勘が鈍いと普段の仕事も遅く、犯人にも逃げられてしまいます。これを刑事ではなく一般の仕事に置き換えても同じでしょう。

ここではこの聴勁を簡単に磨く方法をいくつか紹介しておきましょう。

食事で聴勁を磨く

まずは食事で磨く方法からご紹介します。

やることは簡単です。「おいしい」と言われる店に行き、なぜおいしいのか、味以外のものも含めて、具体的に文章に表現できるぐらいに洞察する習慣をつけるのです。

テレビで芸能人がよく言っているような「もちもちしておいしい」「ふわっふわ」といった抽象的な表現ではなく、もっと細かく表現することがポイントです。それによってより五感の感度を磨けます。文章で表現するには感覚を敏感にして気付かなければいけないからで

ディテールまでしっかり書くことが聴勁を鍛える。

す。

ですから「店員態度悪い、不愉快」というような表現では足りません。どんな態度や表情をしていて、それに対してあなたがどう感じたか、不愉快といってもどれぐらい不愉快だったのか、その心理的な影響は味にどう反映されたのか、感じたことを具体的に詳細な内容で文字にして捉える習慣を身につけるのです。

また、食事をするからといっても味覚だけが全てではありません。

店の雰囲気、流れている音楽、料理や周囲の匂いももちろんそうですし、連れてきた知人や自分のそのときの精神的なコンディションや来ている客層もまたしかりです。

隣のテーブルに音を立てて食べる人や、酔っぱらって大きな声で騒いでいる人、香水のきつい人がいたら、料理自体がおいしくても、食欲は失せ全てが台無しです。そのときにも、台無しになった理由についてこと細かく文章で表現できるようにするのです。

その現場において把握した総合的な五感の作用をもって、結果的においしい、まずいという理由の根拠を表現できるようにすると、楽しみながら感度を磨くことができます。

食という行為は、五感の作用全てを活用する素晴らしいものです。他の行為で五感の作用を、ここまでフルに活用するものはなかなかありません。

食べることも意識を変えるだけで、感覚を磨くことができるので、私は食という行為をとても大事にしています。

卒配当時は苦情が殺到

優秀な警察官は、これまで書いてきたような挙動の不自然さを見て、そこからさらに犯罪の嫌疑の可能性が高いであろうという者を選別し、職務質問をして効率的に検挙します。

私は伝説の昭和の名刑事・平塚八兵衛のようになりたいと思っていたので、卒配当時から、積極的にガンガン職務質問をしました。最初のうちは誰かれ構わずです。

特に夜中は人がいれば手当たり次第にやりました。現場でチンピラのような連中に囲まれて、収拾が付かなくなって応援を呼ぶこともしょっちゅうで、同僚や先輩たちに大変迷惑をかけました。

おかげで苦情も殺到しました。当直明けは苦情の謝罪や報告書を書くことに明け暮れたこともあります。普通の警察官はここで、「駄目な奴」とレッテルを貼られ、めげます。しかし、私は自分で言うのも何ですが、めげませんでした（笑）。失敗を繰り返す中でたまに大物を捕まえることもあり、おぼろげながら勘とコツを掴んでいたからです。

そんなことを繰り返すうちに中国人の空き巣の大物を数回捕まえることができ、それが評価され、ひったくり専門の刑事見習いをさせてもらえることになりました。この経験が私の「人を見る」ということのスキルを大きく跳ね上げてくれました。

この時期に私は人相学と心理学の勉強に没頭し、人を見るための次のレベルにある〝取調べ中に相手の挙動を洞察する技術〟を研究することにつながっていったのです。

それは一時期流行ったＦＢＩ心理学の本に登場するような「質問に対する目の動きの方向や座り方」といったわかりやすいものではなく、実践で何度も繰り返し失敗しては試して、答えを導いて培ったものなので、解釈や技法も一味違ったものを養うことができました。

ヒューマンウォッチングで聴勁を鍛える

五感の作用を磨いて聴勁の養成に効果があるのはヒューマンウォッチングです。街を歩く人の行動観察をするわけです。私は今和次郎氏の「考現学」にかなりの影響を受けていて、人や物をじっくりと観察して記録したり、物の仕組みを勉強したり、名前を覚えたり、〝なぜこの人がこういう行動を取るんだろう〟という分析をすることにこだわり、少し異様とも言えるほどに繰り返すことで経験値を積み重ねてきました。

そうしたことを繰り返すことが「こういうタイプの人間は何々をする傾向がある」など、可能性の度合いを予測するトレーニングになるのです。

野生動物は自分より相手が強いか弱いかを瞬時に察知する能力があり、差が圧倒的なら戦いを避けるなどという話もあります。それとは違いますが、私は競技推手という格闘技の大会に出ているので、相手が強いかどうか、手を合わせる前から、そのたたずまいや態度、雰囲気ですぐにわかります。相手の強さを戦う前からわかるというのも非常に大事な護身なのです。

そういう意味では私が今、日本で普及活動をしている競技推手や自由推手、身体操法は、間接護身に必要な五感の作用を養うのにも非常にお勧めです。

人は感情によって動きも変化しますし、感情の変化によって触れたときに感じる手ごたえも変わります。ですので、いつもと同じ人と推手をやっても、相手のその日の心理で動きが変わることにも気付きますし、また、自分も同様で、感情の変化が著しい日は、推手でも普段と動きが違うことに気付きます。それだけにとどまらず、組んだことのない人と交流してみると、その人の武術のスキルだけではなく、性格、生活環境なども、触れている接点からの五感の作用でわかってきます。人を触覚から読むという訓練にも推手はお勧めなのです。本書の巻末に一部紹介していますので是非そちらをお読みいただければと思います。

「聴勁」やヒューマンウォッチングを繰り返すことは人を見る、いわゆる「洞察する技術」にも直結します。人の動作や態度、服装、匂いなど、離れたところから感じ取れる情報を収集し、危険かどうかを事前に察知することもできます。

もう少し間合いを近づければ、表情と所作の違和感を見ることができます。

ここではみなさんがすぐに使えるように、簡単なポイントを挙げておきましょう。

- **肩が上がっている。**
- **目が血走っている。**

・頬が紅潮している。
・呼吸に少し乱れがある。
・目の焦点がおかしい。
・目線の先が不必要なものを見ている。
・視線が泳いでいる。
・服のポケットに何か物を多く詰めている。
・歩き方が不自然だ。
・独り言を小声でブツブツ言っている。
・体臭がきつい、爪が伸びている、手が汚い、衣服が汚い、髪が洗ってなくてぼさぼさだ。
・服装のバランスが合っていない。
・酔っているような動きをしている。

いずれも「いかにも怪しそうで、当たり前じゃないか」と思うかもしれません。しかし、先ほど挙げたようにスマホで自分の感覚を殺してしまうと、こうした一見わかりやすいポイントも見逃してしまいます。また、程度の問題で一見すると普通に見える場合もありますので、見逃さず、違和感を感じたら相手との物理的、心理的な距離を取ることが間接護身です。

私自身、外で多少違和感の兆候のある人間を見つけると離れます。別にその人が刃物を出して暴れるとは限りませんが、突然喧嘩を売られたり、つまらないトラブルや不愉快な思いをする可能性があるからです。

さらに応用していけば、恋人の浮気を見抜いたり、部下が職場で横領しているのを見破ったり、親しくなろうと近づいてきた人間に、とんでもない企みがあるのを見破ったりもできるようになります。

ついでに言えば俗に「女の勘」というものも、もともと女性に備わっている聴勁であると言っていいと思います。

トータルで人を観る「人相学」

巷の人相学は顔の話ばかりですが、実際は声の質や話す速度、服装、匂い、髪型、眼鏡の好みなどの諸々を含むものです。顔だけを見て何か言うというのは「当て物」と言われるものので、大凡の傾向から言える大雑把なことで、気軽な占いであればともかく、私のように仕事で使う人間には参考になりません。人相学を本当に自分の武器にするのであれば、トータルで人相を観る勉強が必要です。

下三白

上三白

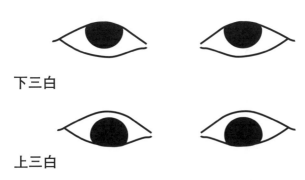

白目の下側が見えているのが下三白、上が見えているのが上三白。

それだけに、ここで簡単に紹介することは難しいのですが、参考程度に基本的な考え方を紹介しておきましょう。筆相学も私は有効だと考えています（112ページのコラム参照）。

三白眼もそうです。上三白・下三白など、専門的な言葉は省きおおざっぱに説明しますが、黒目の上や下に白目が見えている状態だと思っていただければ結構です。上目遣いで人の出方を狡猾に探っていると白目が多く出ますし、人を見下していても白目が出てきます。

また服装で黒い服を好んでいる人は、社交性に乏しく自分の世界に閉じこもっていたいタイプが多いです。

実際には先ほど挙げたようにトータルで観ていくものですので、ここで挙げているものはあくまでも要素のひとつだと思ってください。

三点一致の原則

ではどうやって見極めるのでしょう？　これは相手をパッと見て、ある程度その人物像の情報から分析する技術で〝フラッシュリーディング〟などとも言われているものに近いと思います。このあたりを具体的に学問として系統化したものを私は知らないので、実体験と私が経験から学んだものからまとめたいテーマでもあります。

これについて書き始めるとキリがないのですが、間違えずに正解を導くには「三点一致の原則」というものを護る必要があります。

例えば人相学的に相手が嘘をつくタイプの場合、さらにこれを補完するために人相以外の要素、例えば、しぐさや声、匂い、服装などの他の情報を合わせてチェックして、そこに三点以上の異常の兆候があるかどうかを見るということです。

書き始めるとこれだけで本が一冊書けるくらいの量がありますので、ここでは省きますが、こうした複数の要素を重ね合わせ、そこに経験則が加わったものが〝刑事の勘〟ということになるのでしょう。

本書では聴勁や相手の行動を組み合わせた、三点一致のポイントを挙げておきますので、参考にしていただければと思います。相手にこれらの要素が三つ以上当てはまるときは注意

三点一致のポイント

以下はわかりやすいポイントの一例。三つ以上当てはまる場合は注意した方が良いだろう。

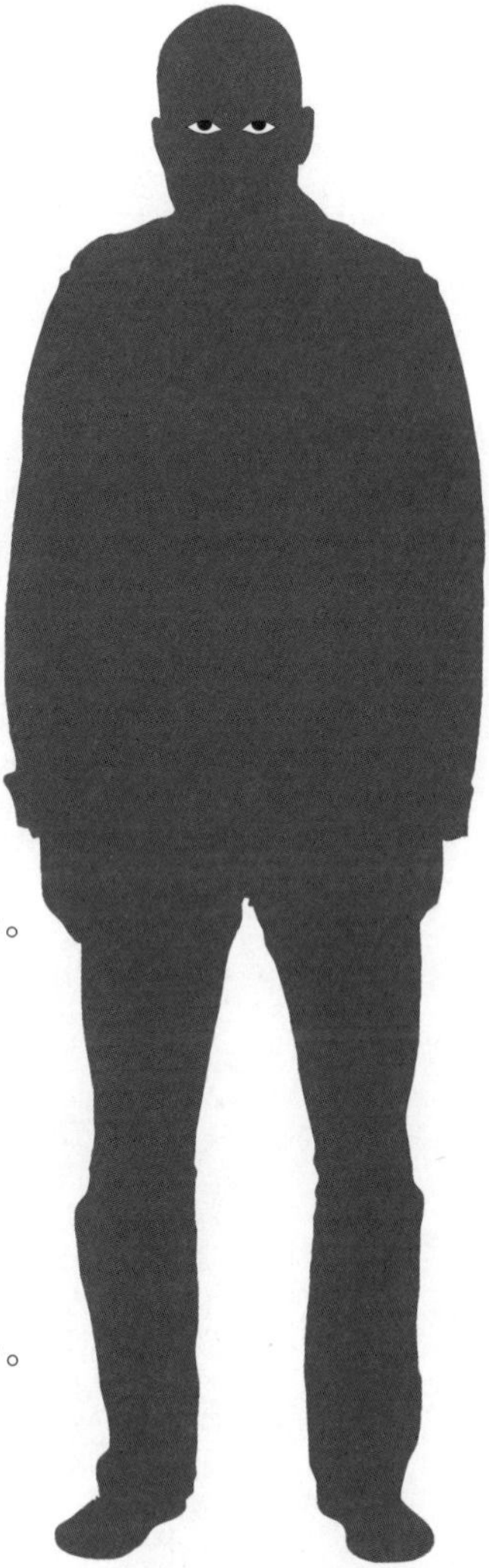

行動

・語尾が強くなりやすい。
・眉毛が動きやすい。
・所作にいちいち威嚇する行動がある。
・声が大きい。
・顎を突き出しやすい。
・頭を大きく動かしやすい。
・感情が顔に出やすい。
・伏し目がち。
・目線を合わせない。
・目線の先が不必要なものを見ている。
・視線が泳いでいる。
・歩き方が不自然だ。
・独り言を小声でブツブツ言っている。
・酔っているような動きをしている。

外見

・ひげを蓄えている。
・前髪をおろして額を隠している。
・黒い服で全身をコーディネートしている。
・服装のバランスが合っていない。
・爪が伸びている。
・手が汚い。
・衣服が汚い。
・髪が洗ってなくてぼさぼさ。
・肩が上がっている。
・目が血走っている。
・頬が紅潮している。
・目の焦点がおかしい。
・服のポケットに何か物を多く詰めている。

その他

・呼吸に少し乱れがある。
・体臭がきつい。

した方が良いでしょう。

全てが確実とは断言できませんが、簡単なわかりやすい例を出しましたので、ここまで挙げてきたポイントと合わせて参考にしていただければと思います。

加害者は意外に近くにいる

ここまで読まれた方の中には、間接護身の対象が見知らぬ誰かというよりも、もう少し日常で接触する人を想定しているように感じたかもしれません。実はその通りです。

一般に殺傷事件が起きた際に、それが通り魔的な突発的なものほど大々的に報道され、逆に顔見知りの中で起きて、すぐに被疑者が逮捕され、異常性や話題性がなさそうな事件はそれほど大きく報道されません。ひと通り報道はされますが、連日のようにワイドショーで被疑者の生い立ちから被害者のゴシップまで掘り下げ、評論家が出てきて騒ぐようなことにはならないものです。恐らく理由は通り魔事件そのものが衝撃度や異常性で関心を惹きやすいことはもちろんですが、通り魔的な事件の方が「自分に落ち度がなくても、被害に遭う可能性がある」ということで、多くの人にとって刺激的だからではないでしょうか。

しかし実際の犯罪はあまり大きく報道されていませんが、顔見知りの間で起きるケースの

罪種別　被疑者と被害者との関係

罪種	計（件数）	面識なし	面識ありの割合
凶悪犯	4,604	2,320	50%
殺人	864	99	89%
強盗	1,898	1,522	18%
強姦	1,059	479	55%
恐喝	1,882	684	64%

『犯罪統計書　平成 27 年の犯罪』（警察庁）　※解決事件を除く

方が発生率としては高いのです。多くの護身術は、強盗や通り魔的な存在から身を護ることを想定していますが、ここで紹介しているデータをご覧いただければわかる通り、全く見知らぬ人間によるものよりも、知人や家族、友人、同僚など、面識のある人間による事件が多いということです。

これ以降の章では護身における実際的な事実や各論的な内容に入っていきます。しかし、本書で私が提唱する間接護身とは本章で紹介した「聴勁」を磨いて、直接的な護身に至る前に危険を察知し未然に防ぐことを主眼にしたものです。言い換えれば、いかにして怪しい人間と接点を作らないか、やり過ごすかということが主眼であり、それが最も現実的な護身であることを上のデータも示していると言えます。その点をご理解の上、日常生活に活かしていただければと思っています。

また逆に言えば間接護身を意識することで「ああ、この人は信用できる」と、ビジネスパートナーはもちろん、生涯の友や伴侶となる人と知り合うことにもつながるでしょう。

第3章　路上暴力の現実

〝過信〟の罠

武術や護身術の稽古をしていると、どうしても「実戦」という言葉に惹かれ、意識しがちになると思います。これはごく自然なことですが、重要なのは実際に「実戦」というものをどういう定義で捉えているか、それに対して、自分に実際にどの程度の経験があるのかを冷静に考える必要があります。その上で常に現実には自分がこれまで経験してきたものや想像以上のものがあるということを覚悟しなければなりません。

つまり、現実と自分の間には埋めようのないギャップが存在していることを認識する必要があるわけです。この認識が有るか無いかが、誰もがハマる〝過信〟という罠を避け、事故や路上暴力などで後れを取る可能性を、少なくすることにつながります。

実は私個人は、直接的な喧嘩などの暴力（殴る、蹴るなど）自体については、実戦と定義していませんし、あまり意識もしていません。

何を実戦と定義するかと聞かれるとなかなか難しいのですが、

・生存を脅かす危機的な状況なのか。
・社会的に抹殺されるか否か。

このあたりのせめぎ合いを実戦だと思っています。

ですから、ただの殴る蹴るという場面では、戦うことよりも、まず「いかに自分が被弾するダメージを少なくして逃げられるか」「誰かに警察に通報してもらえるか」といった、直接の戦いそのものではなく、法律的な事後紛争を含めて回避することを最優先に考えています。

そのためには、まず走る体力を付け、体を鍛え、大きな声を出せることが重要になります。

「武術をやっている人間なのにそれなの？」という声が聞こえてきそうですが、仮に相手に殴られたので「正当防衛だ」と、殴り返して相手を圧倒できたとしても、互いに傷害事件の相被疑として、逮捕されたり、刑事民事の責任を問われる可能性が高いわけです。

実際、格闘家が路上で喧嘩を売られ、対応を間違えて大変な責任を取らされたという事例もあります。判例を見ていないので詳細は不明ですが、複数の人間から喧嘩を売られて、手を出されたために応戦したところ、そのうちの一人が内臓破裂となり、結局一千万円単位の慰謝料を取られたと聞いています。

また逆に、格闘技をされている方の連れが喧嘩になり、その仲裁に入って複数の相手に殴打されても、それに対して反撃することなく、全治1カ月の怪我を負った方もいらっしゃいます。

「格闘家が素人に一方的に殴られた」と話題になりましたが、この方の取った判断は間違っていません。法に問われることもなく、事件が公になっても、ことの是非がわかれば同情こそされ非難されることはなく、経歴を含めプロとしての活動や価値が損なわれることはないからです。

プロの格闘家に限らず、この本をお読みになっている方のなかには、格闘技を長く学び、素人をねじ伏せることくらい容易に行える方もいらっしゃるでしょう。しかし、実際にそれを実行した後に問われる責任やリスクを考慮した上で行う必要があるわけです。

現実の襲撃は「よーいドン」で始まらない

また、こうした社会的責任からくるリスクだけではなく、もう一方の武術的な意味でのリスク「実戦はよーいドンで始まらない」ということについても理解しないといけません。

多くの場合、ケンカをするときのファーストコンタクトは、まず口論から始まり、怒鳴り合いというプロセスを経て行われます。こうしたケンカの仕方であればある程度準備ができるのですが、本当にケンカ慣れしている人や、街のケンカで負けることが絶対に許されない団体・職業に所属している人はこうした駆け引きはしてきません。

「何か話しかけてきたのかな」と思わせて、少し気を抜いた瞬間に、突然先手を打たれて、一気に畳みかけられて倒され、一方的に殴打されてしまい、何が起きたのかわからないうちに、何も対処もできずに終わるのです。

競技格闘技をやっていると特に実感できることですが、試合をしたときは、流れを作り優位性を取り、その優位を保ちながら攻めて勝ちを取っていけるときがあります。

しかし「よーいドン」のない路上の殴り合いだと、不意を突き先に攻撃を仕掛けたほうがこの優位性を取り、最初から一方的に攻撃をし続けることができるわけです。

別にこれは高度な駆け引きというわけではありません。たかが街の喧嘩でも「よーいドン」の予兆がなければ、なすすべもなく、逃げることすらできずにやられてしまう、そういうことが実際にあるわけです。

これが偶発的なものでなく、相手に何か目的があっての場合だと、さらに結果は恐ろしいものとなります。

もし相手が激しい怨恨をあなたが知らないところで抱き、それを晴らすのが目的だった場合はどうでしょう。当然「よーいドン」では始まりません。むしろあなたが油断していると ころ、例えばお酒が入った帰宅時、人気のないところを見計らって、後ろから武器で襲えばいいわけです。そんな状態で対処できるでしょうか？　恥ずかしながら、私も自信はありません。ですから常に自分でも神経質に感じるくらい辺りを見回す習慣があるのです。

襲う側は反撃されるリスクが最も少ない瞬間を狙ってくる、これは当然のことです。

普段から護身術や格闘技をされている方も、前提にこの「よーいドン」的な感覚があると、いざというときに対処できない可能性が極めて高いと思われます。

また、こうした感覚は、実際に襲われた経験がないと、現実のリスクとして考えたり警戒心を持つことができない部分もあります。ただ少なくとも護身術を指導される方は、まず前提としてこうしたリスクがあることを肌感覚で理解した上で、生徒に対して責任を持たなければいけないかと思います。

幸いなことに日本はまだまだ平和ですので、多くの場合、護身術で習ったことを実際の場面で本当に使えるかどうかを試す機会もなく過ごしている方がほとんどでしょう。ただ、こうした時代がいつまで続くのかはわかりません。

私自身は、警察官という仕事柄もあり、実際に不意の襲撃に遭ったことがありますし、事件で見苦しい報復合戦なども多く扱っている他、現在暮らす台湾でも怨恨からくる事件を多く見ているので、このあたりの考え方や感覚が一般の方とかなり違います。目のあたりにする人間の醜さや恐ろしさ、タガの外れた者の行動は、大凡普通の人が想像することはできないものです。

もちろん「よーいドン」から始まる練習が全て駄目だと言っているわけではありません。ただそうした練習は路上で突然始まる実戦とは全く違うということを知っていることが重要なのです。

日常でリアルな感覚を養う

では、どうすればそうした実戦に対してリアルな感覚を養うことができるのでしょうか。

私がお勧めするのは、何か事件の報道に接した際に、

「自分はこうした事件に対してどう備えているだろうか」

「どうすれば回避できたか」

「事件の背後関係や怨恨のレベルはどうだったのか」

「周囲の環境から何ができたか」

「法に触れない程度に何を準備できたか」

「予測はできたか」

そして最も大事なのが、

「自分のレベルであればどのぐらい対処できたか」


を「俺だったらできる」といった過信をすることなく、客観的に考える習慣をつけることです。

さらに付け加えるのであれば、「仮に対処ができた場合、相手が二度と向かってこられないようにするためには何が必要か」でしょう。

こうしたことを日常のなかで考え、想定を繰り返して練ることが、つい陥りがちな「よーいドン」の呪縛から解き放たれる一歩となります。

直接護身の限界

多くの直接護身では、直接的な暴力の場面、例えば複数の相手に絡まれたり、ひったくりに遭う、背後から襲われる、ナイフを持った強盗など、危機的な状況を想定してその対処方法を練習します。

また、こうした方法では物足りないという方は、もう少し自由度を高くし、実際にある程度自由攻防での訓練を行っている方もいらっしゃいます。

前者に比べればランダム性もあり、また失敗を身をもって経験できる点で、後者の方が妥当でしょう。ですが、こうした方法での護身へのアプローチには決定的な限界があります。それが先ほど触れた「よーいドン」の問題、つまり「スタート」です。

訓練である以上、どうしても始まりと終わりを設けなければならないのですが、現実にはそんな区別はありません。いまこの本を読んでいる皆さんの人生の延長線上に危険は存在し、気が付いたときにはもう危険のまっただ中にいるのが現実です。この「スタート」がないことを訓練で再現することは極めて難しいでしょう。

ですが、実際に暴力に慣れてる人間には、事前に暴力をふるうことを察知させない方法を取るタイプもいます。

笑顔で近づいて、和やかに話し合いで済み、「じゃあね」と優しく肩をポンと叩いて立ち去るかと思った瞬間、そのまま容赦なく殴り倒すわけです。

私も職務質問の際に、相手が笑顔で間合いに入ってきて言い訳をしていると思ったところ、いきなり制帽のつばを掴むとそのままズリ下げて、目が見えない状態にしてから殴りかかってこられたこともありました。また、笑顔のまま突然ネクタイを掴んで首を絞めてきた犯人もいました。

こうしたケースを現実と同様の緊迫感をもって、本当に不意を打たれた状態を想定し、訓練することは不可能でしょう。

対刃物で本当に大事なこと

また、これは直接護身の局面の問題となりますが、刃物を持った人間への対処は非常に難しく、実際に刃物を持った人間と対峙してみると、自分の技術がいかに通じないかがよくわかります。

刃物を持った相手に対する際に、最も重要なのは、

相手の狙いは、
・命かお金か？
・正常なのか？
・話は通じるのか？

ナイフは脅しなのか、本当に使う可能性があるのか。相手の状態、心理を見極めることが重要。

・相手が本気で自分を殺そうとする人間なのか。
・威嚇で何とかこの場を有利に進めたくて刃物を出しているのか。
・面倒くさい駆け引きが嫌いで脅しで出しているが、相手の出方次第では躊躇なく攻撃を仕掛けてくるのか。
・精神疾患や薬物の影響で一切話も通じず、何をするかわからないのか。

など、相手の心理を冷静に見極めることです。

同時に相手の所持している刃物の形状や重さ、または棒、バットなど、鈍器も含め、武器の種類によって殺傷力や殺傷方法に大きな差があることも考慮に入れなければなりません。

さらに付け加えれば、広い路上を想定した練習が対刃物の護身術では多いと思いますが、実際の現場は様々です。当然ですが殺傷事件の現場は屋外に限らず、四畳半の部屋のこともあれば、狭い車の中などで起こることも多いのです。

例えば四畳半の屋内で、色々な家具などの障害物があるなかで、全力で刺す、切りかかろうとする相手に対しての対処は、後ろに下がったり回避することが難しいため、訓練とは全く別物の難易度となります。

こうした接近した場面では取っ組み合いになりがちですが、自分の方が相手より非力でかつ技術がなければ、すぐに刃物の餌食になります。ここで必要になるのは、取っ組み合いで相手を崩すコントロール、相手を圧倒するだけのスタミナと力、そこから制圧する関節技や絞め技、組み合った状態でも効果のある打撃技などが必須となります。

さらに補足すると、実際に殺傷事件を起こすような粗暴な人間のいる部屋は、

- **床に足を滑らせる週刊誌や雑誌などがたくさん落ちている。**
- **ハサミや硬い灰皿、コップなど踏んだら危険なものがある。**
- **食べ残して腐敗した弁当やスープのはいったインスタント食品が落ちている。**

など、肉体的にも心理的にも避けたいものがあったりと、部屋が荒れている環境であることも少なくありません。ただ、こうしたものは自分にとって不利にも働きますが、逆に自分を有利にすることもできます。

例えば自分が避けたいものを足でうまく引っ掛けて、相手目掛けて蹴り上げたらどうでしょう。意識はそちらに一瞬向きます。さすがにハサミをうまく相手に向かって蹴り上げるのは難しいでしょうが、腐った弁当を突然ぶつけられたら相手もひるみます。その瞬間がこちらにとって機先を制するチャンスとなるわけです。

また、一度しゃがんで物を手に取るという動作がひとつ増えるため、リスクも増えますが、灰皿やコップを相手の顔面目掛けて投げつけるのもいいでしょう。それ自体がダメージを与えられなくても、相手の機先を制するには十分効果があります。

腐敗した汚物に触れることは嫌かもしれませんが、ナイフで切られるリスクや対抗したり逃げるチャンスが生まれることを思えばやる価値があります。実際の現場では頭の回転の早さがものをいうわけです。

絶対に相手を侮らない

また、心理的な駆け引きが大事になることを忘れてはいけません。

相手が泣いて懇願し刃物を捨てたので安心して近づいたら、突然隠し持っていた刃物で攻撃を仕掛けてきたり、噛みついてきたりなど、不意打ち、だまし打ちは当たり前です。大人しく話し合いに応じているようで、実は仲間を呼ぶための時間稼ぎで、突然自分の背後に相手の応援が来るなど、相手が目の前にいる人数だけであるとは限らないこともあります。

特に不意打ちには注意が必要です。

現役の警官時代「室内で兄弟喧嘩をしている」という通報で、私と一緒に現場に行った警察官がドアを開けた途端、突然腕を掴まれ室内に引きずり込まれて刺されそうになったことがあります。このときは、瞬時に同僚を外に出しつつ、ドアで相手の腕を挟んで防ぎました。咄嗟に仕掛けられても、油断したりうろたえたりせず、すぐに現場の形状を利用して対応する。実戦ではこうしたことが必須になります。

また、相手が女性や少年、年寄りだからといって侮るのも禁物です。相手が誰であっても、それが殺意を持っている人間であれば、決してなめてかかってはいけません。

これも現役時代のお話ですが、「中学生が家庭内暴力で、刃物を持って暴れている」という通報で駆けつけました。私の説得にも一切応じず持っていたナイフで攻撃してきた際は〝制圧以外の方法なし〟と判断し、躊躇なく警棒を使って叩き伏せ、制圧したこともあります。「子ども相手に、大人げない」と言う方もいるかもしれませんが、刃物を持った相手が殺意を持って自分に害を加えてくると判断したときは、相手が中学生だろうが躊躇してはいけないのです。

これまでにも書いてきたように、相手が持っている刃物が一つだとは限りませんし、催涙スプレーなどを隠し持っていれば、こちらが油断した隙に顔面に催涙スプレーを吹きかけられたあげく、滅多刺しにされる可能性もあります。

相手が刃物を持っているときだけではなく常に相手の出方を判断し、〝制圧すべきか否か〟〝最悪の場合はどうなるか〟を想定しながら、速やかに見極めるスキルが重要になります。また当然、状況が許すのであれば、助けを求めたり警察へ通報してもらうように、大きめの声でいまトラブルが起きていることを周囲に発信しつつ、かつ相手が興奮しない程度の音量で会話をするなど、その場に応じた細やかな技術も必要になります。

〝自分は強い、絶対この場を収められる〟という根拠のない慢心。これは武術や護身術を学べば学ぶほど、陥りやすい考え方です。しかしこれこそが危険なのです。むしろそれならそうした経験を積まないで、びくびくと警戒心を強く持っているほうが安全かもしれません。

人をなめてかからない。侮らない。慢心しない。もしかすると武術や格闘技を学ぶ人にとって一番難しいのはこれなのかもしれません。

その一方で〝自分は何をしても生き延びる〟という気構えも重要です。冷静に言葉や態度などで駆け引きを行いつつ、油断せず、感情的にならず、相手の今現在の戦力、感情、殺意などの情報を分析し、何か機先を制してくる行為を瞬時に察知する能力などが、実際の護身には必要となるわけです。

躊躇なく行動できるか、その心構えが大事

万が一、刃物を持った相手と実際に戦わなければならないことになったら、先に書いたように、まずその場にある道具、形状や地の利を使って相手の先手を取る必要があります。

実際に私も警官時代に刃物を持った相手に、現場にあったゴミ箱や椅子などを投げつけて、機先を制してから制圧したり、うまく壁を利用して叩きつけて制圧したりしました。瞬時にその場の利をどう活用するか、そして活用できるだけの技術や発想が要求されるわけです。これができないと、場合によっては殺される可能性もあります。

こうした場面を想定した訓練をするときの心構えは、本身の刀を相手にやっているぐらいの気持ちでやるべきであり、実際にそうした訓練を負傷しながら研究されている方もおられます。

また、躊躇なく誰が相手でも容赦なく制圧したり攻撃できる覚悟があるか、これも重要なポイントです。相手が身内や仲の良かった友人などでも、何かが切っ掛けで恨まれ、本気で自分を殺しに来たときには、この〝覚悟〟がなければ、相手より技術や身体面で優れていても何もできないわけです。

私が書いていることはやや極端に思えるかも知れません。しかし刃物の有無にかかわらず、突き詰めて直接護身を語る際には、技術の前にこういった心構えや考え方が必要であり、その上で訓練に取り組まないと、せっかく優れた技術を学んでも、なすすべなくやられる可能性があるわけです。だからこそ、私はこうした最終局面を避けるべく、その前にある間接護身の重要さを説いているわけです。

相手の目的を推測し、交渉する

武器を持った人間のことについてもう少し触れると、私の経験では、武器を持った人間が必ずしもそれを使って攻撃を仕掛けてくるとは限りません。相手に詫びを入れさせたいが、素手で脅かす自信がないので刃物をちらつかせているだけのことも多く、こうした相手に「刺せるもんなら刺してみろ！」などと下手に挑発したり、無理に刃物を取り上げようとしたため、本当に刺してくるというケースも多くあります。

最初から無差別殺人を狙った通り魔のように、無言で襲ってくる人間には交渉はほとんど不可能ですが、刃物を使った事件の多くには、刺した側も望んで刺したわけではなく、引っ込みがつかなくなった、いわゆる「窮鼠猫を噛む」という状態で発生してしまったケースがあることを知っておくべきでしょう。

こうした場面で大事なのは、武器を取り上げたり相手を制圧する技術よりも、冷静に相手の心理と目的を推測し、会話での交渉ができるかどうか、相手を落ち着かせるためには何をすれば一番いいのか、そうしたことを咄嗟の危機の中で判断して対処する技術が必要になるわけです。現実的には通り魔に襲われる可能性よりも、顔見知りの人間が怨恨の果てというケースの方がよっぽど多いということを、忘れてはなりません。

刃物の実際

参考までに本気で殺そうとする人間がよく使う技術を紹介しておきましょう。まず最初から包丁等の刃物をむき出しで持ち、無駄に振り回したり、いわゆる急所だけを狙ってくることもありません。自分にとって一番近い場所を、顔面だろうがなんだろうがどこでも狙ってきます。実際に刃物で襲われ亡くなった方の手を見れば、大抵両前腕に、防御創というぱっくりと切られた痕があり、ひどいときには骨まで見えるような傷がたくさん残ります。

人間は反射的に刃物から身を護ろうとすると手で防御しますが、それも数回切られれば限界で、両手で護ることもできなくなります。

また相手が素人でも本当に殺意があれば、第1章でも書いたように、片手であなたの服や髪の毛を掴んで刺してきたり、体当たりしたまま刺す、突然持ち手を替えてフェイントから刺す、飛びかかって刺す、頭突きや顔面を殴ったり引っかいたり等の攻撃を織り混ぜて刺す、両手にナイフを持って刺す、など様々なことをしてきます。こうした人間を封じることは極めて難しいのが現実です。

日頃から仲間内・家族内で役割分担を決めておく

チームプレイで対応する。これについて研究された方は民間ではまだあまりいらっしゃらないようですが、相手はもちろん自分達がチームであるときにどうやって相手を制圧するか、どうやって無事に逃げるか、直接護身を考えるのであればこのことも研究する必要があります。

例えば相手の正面に一人立たせてそちらに注意を向けさせ、別の人間が後ろから杖や警棒で膝や膝裏を打って転ばせて制圧する。刺又で両足を思いっきり突いて転ばせたり、相手の武器を持ってる手を思いっきり打ちこんで叩き落としてからタックルして転ばせたりなど、こういうことは警察現場の制圧でもよくやります。

刺又の話が出たので、刺又の功罪についても少し触れておきましょう。

基本的に刺又で相手の胴を突いて動きを止めたり、押さえたりしようとしても全く意味はありません。むしろ相手との接点ができて、逆に襲われて負傷するリスクがあります。

実際に刺又にはこの他にも弱点があり、有効な使い方の習得に時間がかかるし、こうした弱点を知ってる人が指導していない場合も多いです。

この点を意識した指導者から刺又の訓練を受け、相手の足を一撃しただけで転ばせるくらいの攻撃ができたり、相手に刺又を掴まれても慌てず対応し、そのまま襲われずに応援が来るまでの時間を稼ぐだけの技術がないと、いざという時には役に立たないどころか、邪魔な道具になる可能性もあるということを付け加えておきます。

補足すれば、現在は刺又は相手が掴めないようにしているものや、持て余さないように軽量化されているものもあるので、そういったものを検討して選ぶのも悪くないと思います。

民間では刺又を使っての制圧はあまり訓練することはまだまだ多くはないですが、警察指導のもと、行っている学校などもあります。幼稚園、学校、院内暴力への対処、駅での不当暴力への対処などの場合、警察が来るまでの時間、危機を回避するために、こうした訓練も弱点を意識したうえで、研究しておくべきではないかと私は感じています。

刺又を一人で使い、相手を確実に制圧できるようになるには、相当な習熟訓練は必要ですが、チームプレイで対処する方法や、棒であれば、それほど時間をかけず習得できると考えます。

これを発展させて、仲の良い友人や家族が一致団結しての護身のあり方を考えてみるのも良いでしょう。その際には、改めて目的、ニーズ、環境、メンバーの特性などに合わせて役割を決めるとより効率的でしょう。

もっと簡単に今すぐできることとしては、小学生くらいの子どもであれば、１１０番通報の掛け方を教え、何かあった際には速やかに通報できるようにして備え、親は警察が来るまで家族を護る時間稼ぎをするなど、予め役割分担を決めておくわけです。あるいはこれによって助かるケースもあるかもしれません。

また家族での海外旅行で不測のトラブルに巻き込まれても、事前に役割分担をしておくことで、家族の安全やトラブルの回避に役に立つケースもあるかと思います。

特に震災等で自分の居住エリアの治安が著しく悪くなったときには、こうした事前の想定や準備は有効でしょう。

過剰な正義感はかえって危険

もうひとつ、間接護身で大事なことは、過剰な正義感や、一方的に自分が正しいという前提で物事を考えて判断しないことです。

既に何度も書いてきたように、仮に先に相手から殴ってきたのに対処しただけで「自分が正しい」と言っても、警察ではその主張が通ることはほとんどありません。悪くすれば両者ともに暴行または傷害罪等で、罪に問われるのが現実です。自分の正義が万人に通じると思うのは往々にしてトラブルの元になります。

このさじ加減を間違えたケースが、ネット上には様々に存在しています。容疑者や犯罪者の家族を追い込んだり、度の過ぎた悪ふざけを自撮りした人を社会的に抹殺するまで追い込んだりと、追い詰める側は「相手が悪いのだから自分は正義であり、いくらやっても問題ない」という前提で行っているのでしょうが、やり過ぎればどちらも非難され、場合によっては逆に相手からの訴えによって自分が裁かれる立場になることもあります。これは誰も望まず得るものもない結末でしょう。

間接護身において大事なのは過剰な正義感よりも、感情論を排した冷静な分析です。仮に自分が被害に遭ったとして、反撃せざるを得ないときでも、何をどういう手順で行うのかを冷静に考え実行することが大事です。自分が正義だから相手を殺していいわけでもないし、社会的に抹殺していいわけでもありません。

怒りはそれが仮に正義であっても、あなたの心を歪め、そうした歪んだ怒りに人が集まると、さらに過激な歪んだ集団を生むことになります。護身で一番大事なのは怒りで我を忘れそうになったときに「ここで何をしたら、どういう結果と何を生むのか」を思い出し、行動することと言えるでしょう。

護身を完璧に想定できない

また最近の世間をゆるがした凶悪な事件を見て、一部のネットで、

「あのときこうすればよかったんじゃないか」

「俺だったらこういう技術があるからこうは絶対ならない」

「あの警察官は訓練が足りないからやられた。自分たちの技術を使っていればこんなことにはならない」

など、死者の尊厳を踏みにじるかのようなことをネット上に書いている人を見ましたが、これは私の考えるシミュレーションとは全く違います。実際に生き死にの恐怖体験をしたこともなく、安全な立ち位置から悲惨な被害者がいる事件についてものを言うことは、まず人として厳に慎まなければいけません。

また事後の情報を冷静な精神状態で分析した気になって「ああ来たらこうする」的な訓練の成功体験をもとに「自分なら絶対に身を守れる」と錯覚しているうちに、自分の実力がわからなくなり、現場とはかけ離れた環境設定や視点で考えたりものを考える癖がついてしま

いがちです。

時折、「事件を再現して実際に検証した結果、自分は解決できる」と言う人もいますが、どんなにリアルに検証しても、そこには事件の突発性や自分が油断した状態や疲労の度合い、無防備で不意を打たれた状態という要素を再現することは不可能です。さらに言えば、本気で殺そうとする人間の驚異的でがむしゃらな攻撃力と殺意を、訓練の中で体現することも難しいと思います。

本当に自分が油断していて、不意を打たれた状態で瞬時に何ができるか、このことをよく理解し、実際に体験した経験と、その意識、過信しない慎重さがなければならず、ここが護身というテーマが持つ根源的な難しさだと言えます。

護身をより真剣に考えるのであれば、何か大きな事件が起きたとき「俺だったら大丈夫」といった安易な考え方や発言は慎むべきであり、そうした態度は根拠のない自信、過信に陥る原因となります。

実際に自分が不意を打たれて突然に不当な暴力に巻き込まれたり、殺されかけたときは、冷静にものを言ったり考えることのできる世界とは別次元です。

いざというときに備えることは大事ですが、半端に備えたり、現実とかけ離れた経験や訓練だけで根拠のない自信を持ってしまうことが、結果として危険の大きな要因になると私は思うのです。

繰り返しになりますが、本気で殺しに掛かってくる人間に不意を打たれるというのは、想像を絶する恐怖です。相手が笑顔で話しかけてきたり、後ろから来られたり、寝ていたり酔っぱらっていたりなど、気を抜いて油断しているところから始まるのですから。

護身術は危険？

一般的な護身術についてやや厳しい書き方になってしまいましたが、極めて実際的な護身術を学ばれている方がいらっしゃることも十分承知しています。それでもこうしたことを書くのは、わかっていても護身（武術・格闘技の修行を含む）が過信になるケースが多いためです。特に相手を無傷で制するということは想像以上に難しく、また法律を理解した上での対処が必要でもあるわけです。ですから護身を本気で考えるのであれば、そうしたことを念頭に置いて訓練をすることが大切だと思っています。

では、私自身は何をやって体力錬成に備えているのかと言えば、ウエイトトレーニングであれば最低基準として、自分の体重の2倍程度はデッドリフトやスクワットができること、ベンチプレスは最低でも１００キロ以上は上げています。いずれも本格的にウエイトトレーニングをする人間であれば、中級者にすら届かない最低限というラインに過ぎません。

ただし、単に重いものが持てればいいというわけではありません。私の場合は、中量程度のウエイトトレーニングの後に、ファンクショナルトレーニングを行っています。クリーン&プッシュプレスやハイクリーン、腹筋ローラーを立った状態から行う「立ちコロ」と24キロのケトルベルスイングのセット、22キロのブルガリアンバッグでスピン数百回、バトルロープを30分サーキットでやったりなどを2時間以上を行い、ジムのトレーニングだけで3時間程度を費やしています。その上で早朝または夜は道場で稽古を行い、自宅での仕事の合間にも武器の練習をしたり武術の錬功をし土日は朝から夕方までずっと稽古をしています。

ここまで時間を割ける人は職業武術家でも多くないと思いますので、一般の方にはさらに難しいでしょう。ですが、もしこれといった技術を持たず相手を打撃を使わず組み伏せるのであれば、かなりの体力がないと相手を力づくで制御することはできません。

技術で何とかするというのであれば最低でも数年間はみっちり稽古をして、何らかの試合に出てもそれなりの結果が出せるレベルが要求されると思います。「試合と実際とは違う」という声もありますが、わかりやすい目安という意味では試合というルールや防具などの制限下でも通用するくらいの技術と身体スキルがないと、実際に制限のない状態で余裕を持って相手を制御することは難しいと考えた方が良いでしょう。

ある程度の体力をつけた上で、技術をつけ、ランダム性の中で対処する経験を積まないと、「相手を無傷で組み伏せる」という条件をクリアーするのが極めて難しいのです。

こういったことを念頭に置かず、数回護身セミナーに通ったことで自信を持って勘違いしてしまうと、実際にトラブルに遭った際に収拾がつかず悲惨な結果を招く恐れもあるわけです。

悔しさから生まれた転機

私自身最初からここまで深く護身について考えていたわけではありません。警察官として現場で様々な経験をするなかで多くを学び、それを元にやっているわけです。今日こうしたことを書いているのは、ある現場で素手で絞め殺されそうになったことが大きな理由のひとつです。

交番勤務時代に「数人の肉体労働者が乱闘している」という通報がありました。現場に行くとガタイのいい連中が殴り合っているので止めに入ったのですが、そのうちの一人が完全に怒り狂っていて収拾がつかず、止めに入った私の首を絞めると壁に叩きつけ、そのままズルズルと壁に押しつけられたまま上に持ち上げられ宙づりにされたのです。

情けない話ですが、そのときは何も反撃することができず、あともう少しで死ぬと本気で覚悟しました。なんとか仲間が助けてくれたので殺されずにすみ今があるわけですが、その当時も武術はかなり長く学んでおり、警察でも訓練を受けていて自信があったにもかかわらず、ど素人の力だけが強い人間の〝ただの暴力〟に屈したのです。

情けなくて悔しくて、心の底からそれまで自分のやってきたことの意味を考え落ち込みましたが、これをきっかけに改めて自分の身の丈を知り意識を変える大きな転機となりました。そうしたこともあり、私は先に書いたような肉体的な鍛錬を武芸と並行して行っているわけです。恐らく過剰に思われる方もいらっしゃると思いますが、私からすれば「これでもまだ足りない」「まだまだ全然備えられていない」と思っているところが本音です。

今の私は自分の身を護ることとともに、いざというときには100キロ超の人間を背負って、津波が来たら猛ダッシュで高台に逃げられることや、動けない人を背負いながら長時間歩いて、救護してくれる場所まで徒歩で搬送できること、がれきの下敷きになった人を助け出せることなど、災害時に周囲の人を助けつつ自分も助かることを目標にして、まだまだ武術以外の肉体的な鍛錬も続けています。また自分の身の丈を知ることは護身だけではなく、生活全般においても重要なことでしょう。

勉強や仕事でも自分では〝できている〟と思っていても周囲はそう思っていない。むしろ自分ができていないことに気付いていていない人は、どこか誤魔化しの利かない場面で恥をかいたり、いつか何か回避できないリスクに巻き込まれる原因を作っているかもしれません。

大事なことは身の丈を知った上で自分を卑下したり、落ち込んだりしてしまわないことです。足りていない部分を知り、それが補えることであれば補う。どうしても補えないことであれば、それが必要になる場面を避けて、自分が得意なことが活かせるように工夫をする。自分のスケールを正しく知ることで、ポジティブに生きる方法を見つけることができるのです。

第4章　直接護身のリスク

実はハードルが高い「正当防衛」

本章では、不意の暴力に対する直接護身の現実的な難しさについて書いていきたいと思います。

ここではさらに踏み込んで、相手に対して実際に肉体的な接触、腕力を使って対応した、いわゆる直接護身のリスクについて触れたいと思います。

改めて、護身を考える際に必ず登場する「正当防衛」とはなんでしょう。正当防衛には刑事上と民事上のものがありますが、私は元警察官の立場から、ここでは刑事上についてのみ書きます。

刑法にある「正当防衛」は、

（正当防衛）
第三十六条　急迫不正の侵害に対して、自己又は他人の権利を防衛するため、やむを得ずにした行為は、罰しない。

2　防衛の程度を超えた行為は、情状により、その刑を減軽し、又は免除することができる。

とあります。

直接護身を実際に使うためには、こうした正当防衛についての最低限の知識や、事前に法律と多くの判例を理解することが大事なのですが、これを本格的に始めるとかなり時間が掛かってしまうため、ここでは正当防衛の現実的な知識に関わることを中心に紹介します。

理由はわかりませんが巷にある護身術の本には、その行為によってその後どういう結果が待ち受けているか、どういう責任が発生するかについて書かれていないものが多いようです。

また、相手が自分を殺そうとしてきた場合と、殴ってきた場合とでは当然対応が違うものですが、そうしたことにすら触れていないものも少なからずあり、ちょっと掴みかかっただけのことに対して、明らかに過剰に対処する技術が紹介されているなど、正直、疑問を持つような内容のものが多く、そうしたものものもさらなる誤解を生んでいる原因ではないかと思っています。

例えば、

「相手が殴ってきて負傷した。このままだとやられると思い、反撃に転じて相手が攻撃できなくなるまでやっつけた」

といった場合、これは正当防衛でしょうか？

実はこれも相手の程度によりますが、両方が傷害の被疑者となる可能性があります。殴り合いでの正当防衛の成立は、それが必要最低限の制圧行為であっても、傷害の紛議が掛けられることが多く、正当防衛の成立はかなりハードルが高い案件です。特に一対一で相手が殴ってきたので反撃したようなケースで、正当防衛を主張するのはかなり難しいと思った方がいいでしょう。

意外に知られていない「微罪処分」

少しここで警察の内部的な事情をお話ししておきましょう。

普通暴行や傷害は刑事課が扱いますが、２００５（平成17）年に「送致手続の特例における微罪処分手続について」という通達があり、交番のお巡りさんでも軽微な暴行であれば微罪処分によって処理手続きが可能になりました。そのため、現在は前科のない酔っ払い同士が、口論からお互いに突き飛ばし合ったり、胸倉を掴み合った程度の、怪我もしていないようなレベルで、刑事から見れば事件にしないような軽度な暴行事件であっても、事件化されるようになりました。

通常の暴行や傷害事件の場合、事件処理には複雑な書類作成や手続きが多く、交番のお巡りさんによっては、難易度が高くて作成できない書類も結構あります。しかしこういった軽微な暴行による微罪処理の場合は、通常の簡易書式による処理よりも、書類も極めて簡易なため、容易に交番の警察官が事件化することが可能なのです。

ですから、相手が胸ぐらを掴んできたのでこちらも反応して押し問答になった程度の些細なことでも、もし相手が「訴える！」と喚き散らせば、相手から先に手を出されたにもかかわらず、暴行の微罪処分で検挙される可能性があるのです。

「微罪処分では逮捕されないため、経歴的には傷が付かない」

と思っている人も多いようですが、微罪処分であっても、当然警察で指紋を全部取られ、身体的特徴や身上的なことも前歴リストに登録されます。ですから、今後職務質問を受けた際にはすぐに照会され、疑いの目で見られてすぐに解放してもらえない可能性が起きることをはじめ、有形無形に不利な扱いを受けることが考えられます。

また警察官によっては、書類の作成や事件処理の速度に個人差がかなりあるため、ひどい場合は半日近く拘束される可能性もあります。

私自身も警官時代に、この程度の「胸を押した、押し返した」で、一方が「訴える！」と警察に申し出てきたので、仕方なく相手を被疑者として検挙して処理した事例は結構ありますが、冷静になればどちらにとっても全く得にならないお話だと思ったものです。

ですから現行法の下でリアルに護身を考えるのであれば、相手が怪我しない程度の応戦であっても、このような処分を受けることがあることを覚えておかねばいけないのです。

こうした微罪処理で検挙された方が言うのは、

「たかがこの程度のことで捕まるのかよ⁉」

という台詞です。実は私自身もそう思います。しかし相手が被害を訴えたら警察官としてはやらざるを得ないのです。

刑事と民事では判断が違う

では、

「強姦目的で家屋の鍵や窓を壊して侵入してきた者がいたため、鈍器で徹底的に殴打して動けないまで打ちのめしてしまった」

というケースではどうでしょうか？

この場合は反撃した者がかよわき女性であり、そうしなければどうなっていたかわからない。相手は自宅を破壊してまで侵入してきて悪質性が高い。かつ凶悪事件を敢行しようとした。等々の理由から、女性の行動は正当防衛が成立する可能性があります。

ですから状況によっては、相手を一方的に攻撃してもそれを以て被疑者にされるというわけではありません。

ただ、ここでもう一点付け加えたいことがあります。

あまり過剰に相手を攻撃した場合、刑事事件で正当防衛が成立しても民事では話が変わってくる可能性があるということです。

例えば相手から、

「そこまでやらなくても犯意は失せていた。なのに執拗に攻撃されたために体に障害が残ったので、これから仕事ができなくなった」

などと訴えられたらどうでしょうか？　身を護ったはずが逆に相手から慰謝料を請求されるリスクも出てくるわけです。

それだけではありません。民事で争うということは弁護士を雇ったり証拠をまた別に集めたりする必要が出てくるため、お金も時間も、かなりの負担の掛かることだと思った方がいいでしょう。

つまり、刑事事件で正当防衛が成立しても、民事ではどうなるのか？　ということをよく頭に入れないといけないわけです。

身を護るためと言えども相手を徹底的に打ちのめす等の行為は、後々紛議になる可能性もあるということを考慮する必要があるのです。

私自身も現役の刑事時代、

・相手が刃物を持って、一般人や私に対して殺意十分な危害を加えようとしてきた。
・複数で拳銃を奪おうと突然攻撃を仕掛けてきた。
・車などで轢き殺そうとしてきた。

など、判断を躊躇したら自分や周囲が死につながるようなケースでない限り、相手を徹底的に制圧するということはなかなかやりませんでした。

ただ、それなりにこうした場面に慣れてはいても、いざというときには、やはり精神的に色々な感情や身体的にも様々なものが渦巻きます。

私の場合は恐怖の感情もありますが、怒りの感情もありますので、冷静に対応するというのはそれなりに訓練と経験が必要でした。

怒りに身を任せると相手を考慮した制圧はできません。激しい怒りは恐怖に怖気づいているのと同様で、相手を考慮する余裕をなくすのです。また、いざという場合は、こうした経験がない人ほど現場ではやり過ぎたり逆に何もできなかったりします。

一番危険なのは、実際に一度も経験がないにもかかわらず、「俺ならできる」と思い込んでいる人や、普段自信過剰なタイプの人です。これは現役当時、多くの事件現場で感じたものでした。

護身において事前の想定は大事ですが、一方で現実は想定通りに進むことはほとんどないと考えた方が良いでしょう。激しい怒りや恐怖に囚われないことは大事ですが、逆におかしな余裕や慢心もまた危険なのです。大事なのは冷静に今起きている現実に対応することなのです。

アラーム通報の現場

私がこうした場面で、それなりに冷静に行動することができるようになったのは、実際に現場で様々な経験があってのことです。なかでもアラーム通報での処理が一番経験値として役に立った気がします。

アラームとはいわゆる警備会社と契約した通報装置です。

今は会社や学校でも設置しているところが多く、建物内に人がいなくなった夜、ここに不法侵入すると自動的に110番通報されることになります。

現場に着いて、かつ周囲の逃げ道を包囲できたら、ある程度の警察官は中を確認しに行きます。こうしたケースでは犯人が逃げられずに現場に隠れていることがあり、その場合バールなどの侵入用工具を持っているケースがあります。

バールを振りまわされて先端が腕に当たれば開放骨折はもちろん、場所が頭であれば死ぬ可能性もあります。

私自身バールを持った犯人を捕まえたことがありますが、そのときには相手が攻撃を仕掛ける前に逮捕できたので運が良かったと思います。ただ、違うケースでは犯人からレンガを投げつけられて怪我をしたこともあります。頭に当たることを考えれば、治る程度の怪我で済んだので、これもまた良い経験になりました。

アラーム通報では、そうした様々な可能性のある状況で犯人を逮捕しなければならず、しかもほとんどの場合、現場は暗くて初動がわからず、担当会社の警備員が来るのが遅ければ、場合によっては電気もつかない真っ暗な状態で、懐中電灯を頼りに現場を捜索しなければなりません。これは結構手に汗握る状況であり、いざというときに相手を過剰に攻撃してしまう精神状況になりがちで、冷静さが求められる場面です。

こうした状態では、犯人を見つけた瞬間、やはり普段よりも強硬な制圧行為をしがちですが、相手の抵抗や様子から、すぐに犯人の殺意、攻撃力、人数、武器、抵抗の意思の強弱などを、実際に戦いながら察知し、過剰にならないように気を付けていました。

ですから、犯人を徹底的に殴打して抵抗できなくするのではなく、できる限り相手の武器を無力化して、相手を投げて手錠を速やかにかけるのを優先するようにしていました。ただ、これを実行するためには、当然投げ技と武器の技術に加え、相手を凌駕するだけのフィジカルも必要になるので、忙しい中でも鍛錬は続けていました。体が資本とはよく言ったものです。

私が直接護身について難しさを感じているのは、現行の正当防衛の定義に則り身を護るには、防衛に徹し、相手を傷つけることなく押さえ、警察に引き渡す必要があるからです。しかしどれほどの人が、危機的な状況の中で相手の後遺症まで心配して身を護ることができるでしょうか？　元警察官として現実的に考えれば考えるほど難しいと言わざるを得ません。

もちろんそれができる人もいるでしょう。ですが、そのためにはまず絶対的なフィジカルが必要であり、その上で技術と精神力を兼ね備えねばなりませんが、一体どのくらいの人が日常をそうしたことに費やせるでしょうか？　そう考えればやはり直接護身に至る前に、間接護身で危機を回避することが現実的だと思うのです。

誰に助けを求めるのか？

直接護身の難しさがわかってきたところで、もしトラブルに巻き込まれた際にどうすればよいかについて考えてみたいと思います。

まずケースとして自分が当事者の場合で、相手を殴り倒す、蹴り倒すなどの実力行使によらずトラブルを回避するためには、逃げるか、説得するか、周囲の助けを求めるかしかありません。もちろん警察への通報が最優先事項のひとつです。

逃げるについては次章で説明しますので、ここでは警察に助けを呼ぶケースを想定して説明していきます。

自力で警察に通報するのであれば、既に相手と口論の状態のときにできるかどうか、ここも重要なポイントです。もし相手に「じゃあ埒があかないから警察を呼ぼう」と言ったときに「おう呼べよ！」と挑発的に応じるようなタイプであれば、まだ危険度は高くない状況です。

とはいっても、ここから相手の感情が爆発して、警察官が来た頃には互いに殴り合っていたというケースもままありますので、（自力で１１０番通報できたとき＝危険度は高くない）油断しないほうがいいでしょう。

自力で通報する余裕がなく、第三者の手を借りる必要があるときは具体的に、

「警察を呼んでください！　助けてください！」

と明確に自分の意思を周囲に大声で伝える必要があります。

相手と自分が互いに大声で口論しているだけでは、面白がったり、撮影してネットにあげようとする輩が集まるだけで、何も意味がありません。

また、このある種見世物的な空気感が一度できてしまうと、あなたが無抵抗で殴られても、周囲は助けもしません。大事なことは切迫感を持って「警察を呼んでください！　助けてください！」と叫ぶようにしてSOSを発信することです。そうしなければ責任のない第三者には届きませんし、集まってくるやじ馬は無責任にその状況を面白がっている人間の方が多く、中には〝警察が来たら邪魔だ〟とすら考えている者もそれなりにいることを忘れてはならないのです。

そうした無責任な第三者を越えて、警察や警備員などへの通報をしてくれる人に届かせるためには、より大きな声で現場が見えていない人にまで声が届くようにすることが重要です。

私が現役時代、実際に通報を受けて現場に駆け付けたときも、通報したのは現場で面白がっ

て見ていたやじ馬ではなく、現場を直接見ていない近隣の家の方から「〃助けて！〃と叫ぶ声が聞こえた」という通報があり、周囲を検索（「叫び声を聞いた」といった通報を受けた場合、警察官は現場を発見できなければ、その周囲数百メートル圏内を検索します）した結果、そこで事件を初めて認識したというケースも少なくありません。

ですから第三者に助けを求めるときは、周囲のやじ馬よりも、それを越えた見えていない人たちに声が届くようにすることが大事なのです。

警察が来るまで如何にしのぐか

また、通報を受けた警察官がどれぐらいで現場に来られるか、これは地区やトラブルの場所、交番に警察官がいるかいないか等によってもかなり状況が変わりますが、緊急を要するトラブルでの通報なら最低でも10分程度です。既に相手が暴力に訴えている場合は、その攻撃を回避し続ける余力があることが必要だと私は思っています。

と言っても、大抵10分も相手は攻撃し続けられません。ほとんどの場合すぐにスタミナがなくなり肩で息する状態になります。複数であったり、相手が格闘慣れ、喧嘩慣れしていることを考慮して、10分程度動き続けるスタミナを想定しています。相手が強かったり複数だったりすると、予想以上にすぐ疲れるからです。

口論から喧嘩に発展するようなトラブルの場合で、自分が圧倒的に体力と技術があるのであれば、110番通報を自分がした、または誰かがしてくれることを前提に、相手の攻撃を回避し続け、助けが来るまでしのぎきることもひとつの選択肢になるでしょう。もちろんこれには相手を圧倒する体力と技術が前提になります。

くり返しになりますが、直接護身を前提に考えるのであれば、まず体力が必須要件であることをよく考慮しなければいけません。

さらに付け加えれば、これはトラブルの当事者ではなく駅員や病院関係者などによくあることですが、トラブルの仲裁に入ることで自分が暴力に巻き込まれるケースも多々あります。

警官時代こうしたケースを毎日のように扱っていたのでよくわかりますが、この場合、警官として無抵抗でやられるわけにもいきませんが、相手を叩き伏せるわけにもいきません。そうした際には相手の攻撃を回避し続ける技術としては、ボクシングもかなり役に立つと感じました。

一般にボクサーの方は体力もありますし、パンチを避ける技術が巧みで、素人が殴りかかろうが掴みかかろうが、回避に専念すればフットワークでいなして延々と逃げ続けることができます。もちろん試合では殴るという武器も持っているわけですが、それを封印して相手の攻撃を避けることに特化すると、護身技術として非常に有効だとボクサーの方と交流して感じました。

他の格闘技でもそれぞれに有効な技術はあり、柔道や柔術の方も相手が掴みかかってくる手をさばくのが非常に巧みで、素人が挑んできても逃げ続け、相手も自分も無傷のまま、その場を離脱することができます。付け加えれば、総合格闘技の心得があるとなおいいと思います。〝あきたらこうする〟的な想定に終始するのではなく、取っ組み合い、投げ、打撃などをランダムに相手が仕掛ける中で立ち回れる練習、試合体系を持っているものだと、自分を過信することなく、今の自分の身体能力、技術体系を含めて、正しい身の丈がわかるのでいいのではないかと私は思っています。体重差、体格差、経験の差を含めた現実も、ある程度練習を積むだけでも実感できるでしょう。

「総合格闘技もルールのなかのことでしょう」と言う方もいますが、相手に対して自分は余力をもち、最小限の怪我程度しかさせずにさばき続けるには、制限のある中でも立ち回れる技術、身体能力がないといけないということを常に感じています。

いずれにしろ相手が疲れてくれれば逃げるのも容易ですし、相手が戦意や犯意、逃走の意志を喪失するきっかけとなるので、相手を疲弊させるという技術は極めて重要な位置を占めます。

他の格闘技でも錬度を積めば同様でしょう。ただし、これだけで対刃物、対武器、対複数などを含めた、全ての危機回避のスキルを網羅するわけではないので、決して過信することなく様々なテーマで研究することが必要なのは言うまでもありません。

最小限の攻撃で時間を稼ぎつつ逃げる技術と、最大限の攻撃で瞬時に相手を打ちのめす技術、両方の心得が当然必要であろうと思います。

またそこまでの技術を習得するにはそれなりの時間がかかります。私を感動させてくれた競技の方々は、いずれも10年以上続けている経験者であり、練習も毎日のようにされているわけで、一般の方ではそこまで練習をすることは難しいでしょう。

直接護身を事後の法的なリスクまで考慮した上で実現するのであれば、そのレベルの実力が必要であり、それだけの技術があっても、武器や不意打ち、複数に突然襲われたときに100パーセント対処できるとは限らないことを頭に入れておく必要があるでしょう。

また当然ですが格闘技をやっていれば、全ての路上暴力に対処できるわけではありません。道場やジム、リングの格闘技と路上の暴力との間には、自分がやれると思っていることと、実際にできることとのギャップは想像以上に大きなものがあります。このことを考慮の上で、慎重に備え検証しつつ、自分の身の丈を知り、格闘技と路上との違いを理解した上で、自分が確実にできることを増やす習慣が重要だと思います。繰り返しになりますが、自分のやっている格闘技で「絶対に対処ができる」と過信しないことが大事です。

私自身、色々な備えをしていますが、自分がどんな事態にでも対処できるなどとは思っていません。自分より強い人は、どこにでもゴロゴロいるものですし、状況は千差万別です。いくら経験を積み鍛錬し稽古をしても、決して過信することなく、必死で自分のできることの限界を考えながら、可能性を少しずつ増やしている、そんな日々の繰り返しなのです。

武器は有効か？

武器（護身用具という意味で）を用いれば相手を制圧することも、相手が武器を持っていても対抗することができる可能性が高くなりますが、その分相手を壊す可能性も高くなります。

せっかく武器、あるいは武器になるものを持っていても、それをもって必要以上に相手を痛めつけたり、逆に事後の法的な紛議を気にするあまり、危機的な場面で有効に活用できなければあまり意味はありません。

こうした場面で自分の持つ武器を迷いなく最大限に有効活用するためには、相手を壊さず最小限の使い方を知り、学ぶことが大事になります。そうすることによって、直接護身の際に法的な紛議を踏まえた上で、武器を使い、活用する幅がもっと広くなると考えています。

巷の護身術と呼ばれるものは、相手へのダメージを考慮に入れない、最大限の攻撃技術を紹介するものが多いですが、直接護身をリアルに考えるのであれば、最小限と最大限の両方を心得ておくことは、事後紛争を考えると絶対に必要であると、私は思うのです。

また所謂「護身用具」「護身グッズ」については第5章で改めて触れたいと思います。

相手を制圧するリスク

相手を倒す技術について少し触れますと、理想形は、相手を怪我させずに転ばす、投げ、そこから相手をうつ伏せにして押さえ技につなげ、身動きが取れないようにする、となります。しかし警察官でもときに加減を忘れて、相手に大怪我をさせる、死なせてしまうといった事案は、過去に何件もあります。

ネットで「警察官　制圧　死亡」などで検索すると色々出てきますが、こうしたことはなぜ起きるのでしょう？　〝警察官個人が問題のある性格だったんじゃないか？〟と思われる方もいらっしゃるかもしれませんが、ほとんどの場合はそうではありません。

道を聞くふりをして、油断したところを一気に仕掛けて初動を制してきたり、相手が刃物を持っていたり、薬物や精神錯乱等の影響で、手加減をして対処ができないような、あり得ない力で抵抗したり、刃物を落としても、予備の武器を出そうとしたり、噛みついてきたり、ネクタイなどで首を絞められたり、目を引っかかれて見えなくなっていたり……と、現場の当事者にしかわからない危険に対する脅威と、その影響のなかで結果として悲劇が起きることも少なからずあるのです。

なぜ制圧死は起きるのか？

ただその一方で、制圧死の要因として警察のマニュアルにある制圧法があります。

この制圧法は、相手をうつ伏せにしつつ、腕を取り肩関節を極めながら、自分の膝を相手の背中に乗せて体重をかけて押さえ込み、身動きと呼吸ができない状態を作ってから、手錠をかけるというものです。世界的にも警察や軍隊で採用されているオーソドックスな方法ですが、これを仕掛けたとき、相手によっては死なせてしまう可能性があるのです。

私はこの制圧方法の有効性は認めつつも、相手を選んで行わないと死なせてしまう可能性があり、実際、過去に何度もそういった悲劇を生んでいることを知っていたので、現場に応じて違う技で犯人の負担を最小限にしつつ手錠をかけるようにしていました。

もちろん犯人も必死ですので、実際には難しいこともあり、ときには強行な手段で対処することもありました。ただ相手に応じてという原則は守ったこともあってか、幸いなことに、私はそうした悲劇を起こさずに済みました。

警察官が一般に使うこの制圧方法の一番危険な点は、例えば相手が酔っ払っている場合、こうした方法で押さえると、それが原因で吐しゃ物が喉に詰まり呼吸困難に陥る可能性もあります。また薬物乱用者の場合も制圧の際に突然、呼吸困難になったり、それ以外にも体にどんな反応が起きるかわかりません。

そうした理由から相手によっては仕掛けるのに危険度が高い技なのですが、警察官にとっては基本として習っている技術のひとつであり、一度身に染みついてしまうと条件反射で咄嗟にかけてしまうことになります。

付け加えれば、相手によってはこの技でないと、手に負えず手錠をかけることすらできないという場面もあるので、必ずしもこの技が不必要であるとは言いません。

相手の状況によっては制圧が致命的なダメージを与えることもある。

私は現在、この問題点を解決するために手錠だけに頼らず「ヒモ」を使った方法の研究を続けています。時代劇などでもお馴染みのヒモをもって、全力で抵抗する相手をうつ伏せにして相手を捕縛することは非常に難しく、かなりの経験と技術が必要です。

ですが、それだけに相手の動きに応じて行う技術が養え、その結果、相手にも自分にもダメージが少なく捕縛する技ができ、現在では相手が全力で抵抗してもヒモで制圧する方法論がある程度完成しました。

もちろん現役時代の現場では、ヒモではなく手錠をかけていましたが、引退した現在、このヒモを用いた制圧技術を備えのひとつとして、提唱していこうと思っています。

理由は民間人が相手を現行犯逮捕して、警察官が来るまで逃げないように、また本気の抵抗を抑止するには、色々なことができないといけないと考えたからです。

治安が安定した中で、警察に引き渡すまで素直に応じて静かに待つような被疑者のタイプであればいいのですが、例えば震災等の混乱に乗じて何か良からぬことをしている人間を捕まえた場合はどうでしょうか。強盗や強姦未遂、殺人未遂等々、逃がすわけにはいかないようなことをしようとした人間を捕まえる可能性もあります。警察に通報したくても電話がつながらない可能性もありますし、警察に通報できたとしても混乱のせいで臨場まで相当時間が掛かる場合もあるわけです。

一旦は抵抗を諦めた犯人も、時が経つにつれ体力も回復し、再び全力で抵抗または逃走しようとするケースを考えれば、やむを得ず拘束せざるを得ない可能性も出てくるわけです。

もちろん、これはかなり特殊なケースで、通常相手をヒモで拘束する必要はありません。ただ、技術として習得しておくと、いざという際にも相手に対して余裕を持って制圧するスキルにつながり、ヒモで縛る前段までの通常の制圧行為をレベルアップさせ、相手に応じて加減をしつつ対処する余裕もできます。

また、これができるレベルに達していると、いわゆる最高裁判例にある「社会通念上逮捕のために必要かつ相当であると認められる限度内の実力行使」という、裁判官が納得するような必要最小限の行為で制圧逮捕する技術につながります。

もちろん間接護身の本旨は、こうした場面にならないように行動することです。その上で、全ての状況をコントロールできない事実を踏まえて、最悪の状況を想定して備えと訓練をしておくことで、自分のスキルが上がることにもつながります。その点においては、私の言う間接護身は直接護身とその後を含めた、長期的な護身哲学であると言えるかと思います。ただ、だからといって闇雲に、最悪を前提にした極端に高度なことや対処法だけに特化して練習していても現実から離れてしまいます。

自分の実力を踏まえつつ実際に実現できることを知っておくことで、いざというときに悲劇を防ぐことができるかもしれません。そのためには日常の意識を変える必要があり、普段から訓練や勉強でもそれを肝に銘じておくべきでしょう。

また、どうしてもその場を離脱できない、助けも呼ぶことができないといった場合に必要な武器の心得や、それを実際に相手に対して躊躇なく使える智慧と技術、そして覚悟もまた、護身を考える上で避けては通れない要素であることを忘れてはいけません。

コラム #01

文字でわかる相手の精神状態

刑事は被疑者を逮捕すると、まずはベンロク＝弁解録取書というものを取ります。これは逮捕された事件について、逮捕事実に間違いがないかどうか本人の弁解と、弁護士依頼の希望について聴取し、書類化するというものです。

担当刑事が弁解録取書を取るときもあるし、他の刑事が取るときもありますが、私が取る場合は相手の人相、着衣、態度、言動、振る舞い、精神的状況、匂い、といったことを相手を洞察する材料として吟味しつつ、弁解録取書に当人が署名した文字もじっくりと洞察します。

私は筆跡についても強い関心を持っており、心理学だけにとどまらず、筆跡心理学を学ぶことで、さらに独自の分析スタイルを作りました。

文字を事細かに見ていくと実は色々な情報がわかります。文字の大きさ、筆圧、書き癖、書いた位置、文字を書く速さなど、様々な特徴はありますが、これらを見ていくと〝逮捕された〟という非日常における相手の精神状態がわかります。

精神状態を見るのはとても大事で、例えば初めて逮捕されたのに平然としていたら、それは何か確固たる意志があったり、とんでもない悪だくみや性格に何か異様な傾向があるなど、何らかの理由があります。その兆候があったら、相手の核心を浮き彫りにしていくことが大事です。

また筆跡は、性格や心理状態をよく反映しているので、綺麗な文字、汚い文字といった表向きの部分だけに囚われず、色々な着眼点を持つことが大事です。例えば文字が角ばっている傾向が強いと、本質は真面目で物事に固執する傾向があったり、丸い傾向が強ければ柔軟性がありつつもいい加減、文字が大きければ、精神的にも肉体的にも元気で、かつ精神年齢が幼い傾向があるなど、様々なポイントがあります。

攻撃的な人間は文字と文字の間に隙間がなく、線がぶつかり合うことに対して違和感を持っていないタイプが多いです。そういう感覚が人を相手にしてもあるので、肉体的にも感情的にも他者とぶつかることを気にせず、そうならないための配慮ができないわけです。この傾向は、社交的でなくても仕事ができる職人タイプの人にも多く見られます。

こういう点に気を付けながら、多くの人間をサンプルとしてその筆跡を見て、その傾向を観察することがそのまま人を読む訓練になります。

極端に字の間が詰まっている、読みづらいことなどから、相手の人となりが窺える。

第5章　正しい逃げ方

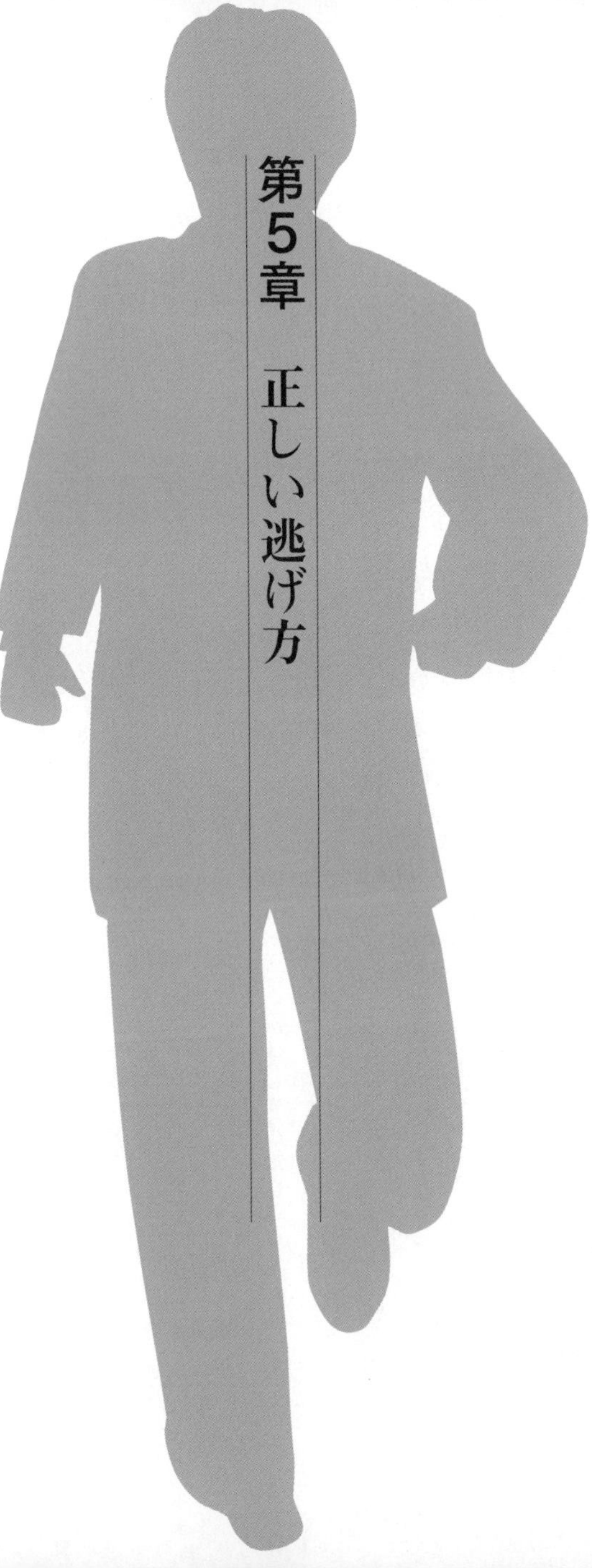

逃げるのに適した服装

本章のテーマは逃げと備えです。

格闘を含めた相手との直接的な接触を主眼に置いた直接護身でも、最近は「逃げる」という行為を教えるところが増えてきたように思います。しかし、逃げるという行動のために、どれだけ備え、どれだけ真剣に考えている人がいるでしょうか。

例えば逃げるときの自分の服装はどうでしょう。

サイズが合っていない革靴や、ハイヒール等を履いていると、走りづらく、逃げ足に多少なりとも影響が出るのは当たり前です。またポケットの中の持ち物はどうでしょうか。シャツの胸ポケットに、スマートフォンや携帯電話を入れて全力でダッシュすると、走っている最中に落としてしまい、追ってきた相手に個人情報を特定される恐れもあります。また鍵束などをズボンの前のポケットに入れているだけで全力で走ることができなくなったりします。

財布も全力疾走した際に落ちることが多く、警察時代に被疑者を追いかけている最中に相手が財布を落とすことがよくあり、その場は逃げきられたものの、財布の中身を辿って後日逮捕したことが何度もありました。ポケットの鍵束も、あまりの痛さに逃げるのを途中で諦めてうずくまったところを逮捕したことがあります。

　小さな鍵束ひとつでも、毎日当たり前に行っている習慣が、いざというときに「逃げる」障害の原因になっているわけです。

　ですから、間接護身を考える上では、「自分が今逃げるとしたら、どういう障害があるのだろうか？」ということを頭に入れて、日常の中で逃げるための備えをしておく必要があるのです。

　私の場合は、腰に巻けるピタッと潰れたタイプのポシェット（ウエストポーチ）に、道具をひとまとめにしています。この中に道具を入れ、逃げるときに片手はポシェットを押さえつつ、全力疾走するのです。

　こうすることにより、走るときの障害はあまりないし、物を落とすリスクもないのです。現在はそういう環境を整えた状態で、外を出歩くようにしているので、いつ何があっても、100パーセントとは言えませんが、それなりに対処ができると考えています。もちろん仕事や生活習慣などが違いますので、みんなが同じように備えることはできないでしょう。大事なことは自分が日常的にできることを考えて実行することです。

懐中電灯の光で視界を奪う

ここでは少し具体的に「逃げるための備え」について書いておきましょう。まず、この本をお読みの読者の方が普段お持ちの所持品の中に、逃げるために活用できる道具というのはあるでしょうか。

私の場合は、既に紹介したポシェット（ウエストポーチ）の中に、逃げるための物の他、間接護身で活用するための録音機や撮影機器、負傷したときのための消毒薬などが入っています。

その中には護身用に小さな懐中電灯を入れています。メーカーに拘りはありませんが、現在携行しているものは長さ12センチ位で、小型ながらも1000ルーメンという強い光を放つことができ、いざというときに相手の顔に光を向けることで目くらましが可能です。

今ならもっと強い光量で携行しやすいものがたくさん出ているので、興味のある方は色々探してみてもいいかもしれません。

この光を当てる目くらましは極めて有効で、私が警官時代にも何度か助けられました。光で相手の視界を奪うだけなので、後遺症のリスクがなく相手の戦意を喪失させることができ、それでも抵抗する相手には持っている杖や警棒などを使い、自分が負傷しないように逮捕し

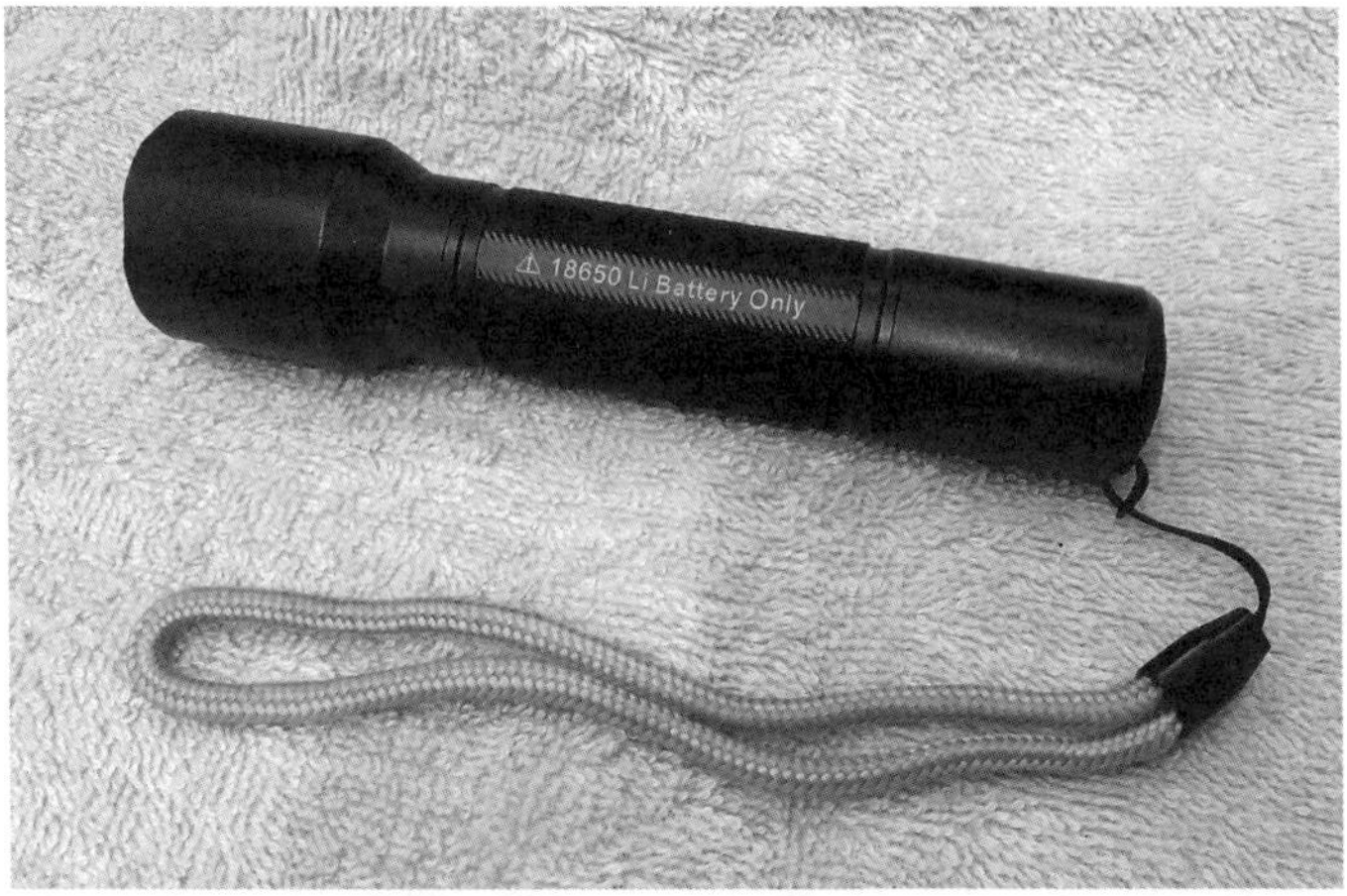

著者が携帯している懐中電灯。

てきました。

　こうした経験もあり、現在も強い光の懐中電灯を常に携行しているわけです。ただし付け加えると、日中と夜間では効果に当然差異があることも考慮し、実際に知り合いと使ってみて様々な条件で検証し、多くの感想と意見を取り入れて、自分の持っている懐中電灯がいつ、どこで、どの時間だとどれぐらい効果に差があるか、効果が期待できない状況がないかなど、客観的に確認することも忘れてはいけないと思います。

　付け加えれば懐中電灯は打撃の崩しで優位性を取るためのツールとしてもすごく活用しやすいので、逃げるためのツールが前提ですが、その点についても研究をしても良いでしょう。

　ただ懐中電灯を携行していても、すぐに取り出せなければ意味がありませんので、必要に応じてすぐに取り出せるポシェットが都合良いわけです。また、実際に相手に光を当てても、視界が元に戻らないうちに逃げることが大事ですので、そのことを念頭に置いて、定期的に逃げる練習をすることも重要です。無論、間接護身的にはこうした状況にならないことが大事であることは言うまでもありません。

護身グッズについて

また世の中には警棒、催涙スプレー、スタンガン等々、様々な護身グッズがありますが、所持すること自体が場合によっては法に触れたり、実際に使ったら自分が法に問われたりするリスクが高いものも少なくありません。

もしこうしたものを常時携帯している、あるいは携帯することを考えている方がいらっしゃったら、そうしたリスクを念頭に置いたうえで考えた方が良いでしょう。

私自身の意見を言えば、自宅での所持はともかく、**武器とみなされるものの携帯はしないほうが無難**だと考えています。こうした書き方になるのは、ここまで述べてきたように護身は状況等によって、かなりケースバイケースで、取り扱う警察官や当事者の状況によっても差異があったり、「絶対これなら捕まりませんよ」とか「いいですよ」などと断言できないことがあります。また何に備えているのか、現実にどんなリスクがあるのかがわからないと適確なアドバイスができないというのが正直なところです。

いずれの護身グッズを自宅で持つ場合も、その保管方法や使い方については、知識と正しく使える訓練をすべきですし、問題点や課題についても理解すべきだと思います。

あなたはいま走れますか？

逃げるということについてもう少し踏み込んでいくと、**靴についてはどれぐらい意識しているでしょう？**　サラリーマンの方は革靴を履きますが、その革靴を履いて全力疾走した人は、どれぐらいいるでしょう。

私は時間があると革靴でも走りました。現在は革靴を履く機会はなく、むしろ走りやすいスニーカーばかりですが、たまにサンダルを履くので、サンダルでどれぐらい走ることができるのかを買うたびに試します。これに限らず普段履いている靴の特色を理解し、自分がどれぐらい走れるのかを知るのはとても大事なことです。

これを突き詰めていくとサンダルを履くにしても、つま先が隠れて、かつ踵が固定されたタイプを好んで履くようになりました。親指と人差し指の間だけで固定するようなサンダルだと、かなり走りづらく、逃げ足が遅くなって相手に捕まる可能性が高くなるし、戦うにしても戦力が落ちます。検証を繰り返す中でこうしたことがわかってくるわけです。走りづらいサンダルを履くぐらいなら裸足のほうがまだ走れると思います。

そういう意味では裸足で走ることも、定期的に行っておいたほうがいい訓練のひとつです。現代人の足の裏の皮が薄く、走るとすぐに痛くなります。定期的に裸足で走ることに慣れておけば、万が一走れない靴だったとき、裸足になって逃げることもできるのです。

ただしこれも場所によりけりで、小石だらけの岩山などでは難しいので、これもまた状況によって合理的に判断することは必要です。足半《あしなか》と呼ばれるわらじを半分にしたようなものがあり、これは結構私も愛用しているのですが、これを履いて散歩する等々のことから始めておくと、裸足の感覚もつかめるし、いいかもしれません。

女性のハイヒールなどは、私は履かないので未経験ですから断言しづらいのですが、逃げるという行為が極めて難しくなることは明らかなのでお勧めはできません。しかし、おしゃれを楽しむ気持ちもわかりますので、その辺りは本人の考えで、状況によって選択することになると思います。

帰りが遅くなるときには比較的走りやすいもので出掛けたり、最近では畳める靴もありますので、予め走りやすい靴を用意してもよいでしょう。もちろん信用できる友人・知人に同行してもらうのが一番です。

いま走って逃げる体力はあるか？

服装の次に大事なのは、相手から逃げるだけの脚力が自分にどれだけあるか、そして相手が執拗に追いかけても逃げ切るだけの体力があるかを知ることです。例えちょっと捕まったとしても、そこから相手を振り切って逃げる力があるか、その点についてもあまり考える方は少ないようです。現実的に考えれば50メートルも走れない体力で、しかも逃げ足が遅ければ、あっという間に捕まり振り切って抵抗することすらできません。

「逃げる」というスキルは動物であれば自然に具わったものですが、人間、少なくとも現代人はあまり持っていないのかもしれません。私自身は逃げるために要求される能力を上げるため、週3回はジムの訓練にも取り入れています。

私はジムでのトレーニングを含めて1日8時間ほど武術の練習をしているので、人より重い体つきですが、それなりに逃げることができるし、逃げるための備えをしています。

「武術を30年もやって、逃げる練習してるなんてカッコ悪いんじゃないの？」と感じられた方もいるかもしれません。

しかし、これまで述べた通り、得意の武術で対処した挙げ句に、後で法による裁きを受け、示談金や慰謝料を支払ったり、恨まれて対処できないような報復を受ける可能性もあるわけです。そうしたこともあり、私一人で済むことであれば、極力逃げる方を優先しています。

逃げるために必要なスキル

こうした物理的な備えとともに大事なのは、これまで繰り返してきた通り「自分を知る」ということです。台湾では何か大きな通り魔的殺傷事件が起きると、自分の身の丈や限界を知らず、実際に本気で殺そうと武器を持って襲い掛かる人間と対峙した経験はないのに、「俺だったらこうやって戦う」「俺なら余裕で逃げられる」など、無責任に言う人は多かったのですが、そうした人は本当にそうした場面に直面したときに自分の甘さに気付くことになるでしょう。

これは日本も同じかもしれませんが、映画の登場人物のようなことが本当にできると思い込んでいる人は少なからずいます。現実と作り物の世界が違うのは当たり前なのに、意外にわからない人が多く、なかなかこのギャップを埋めることが難しいのです。

まず「自分に何ができるのか」を知らなければ、あるいは知ろうとしなければ直接護身も間接護身も何もないわけです。自分の限界、甘さを客観的に把握したうえで、いざというときに備える。これが一番重要な心得となります。

護身で考えるべき「感染症のリスク」

また逃げることを優先する理由は、それだけではありません。感染のリスクが怖いからです。

突然人に暴力を振るうような人間は、大抵生活が荒れていて、様々な病気を持っている人が多いのです。

そういった人とお互い激しく殴りあえば、口の中や拳がすぐに切れます。そうなると、傷口から血液由来の病気、ＨＣＶ（Ｃ型肝炎）、ＨＢＶ（Ｂ型肝炎）、梅毒、ＨＩＶなどに感染するリスクが高くなります。つまらない喧嘩で、その後の日常生活に影響を及ぼす病気に感染するなんて災難としか言いようがありません。

護身術の先生でもあまりこうしたことを考慮している人はいないようで、私が台湾で本やネットでこうしたリスクについて発信したところ、ようやく口にする人も登場し始めたようです。また、格闘の際に噛みつく人もおり、噛みつかれた傷口から血液感染するケースもあ

りうるわけで、こうしたことを考慮に入れると一般に教えられている直接護身術の技も見直しが必要ではないかと思います

こうした感染のリスクを念頭に置くと、人と実際に戦うことの難しさがわかり「自分は武術を修行しているので強い」「体格差で絶対に勝てる」といった近視眼的な考えにはまらず、極力直接的な暴力になることを回避し、回避しきれなかったら逃げる、という選択肢が自然に意識できるようになるでしょう。

第6章　身を護るための「証拠保全」

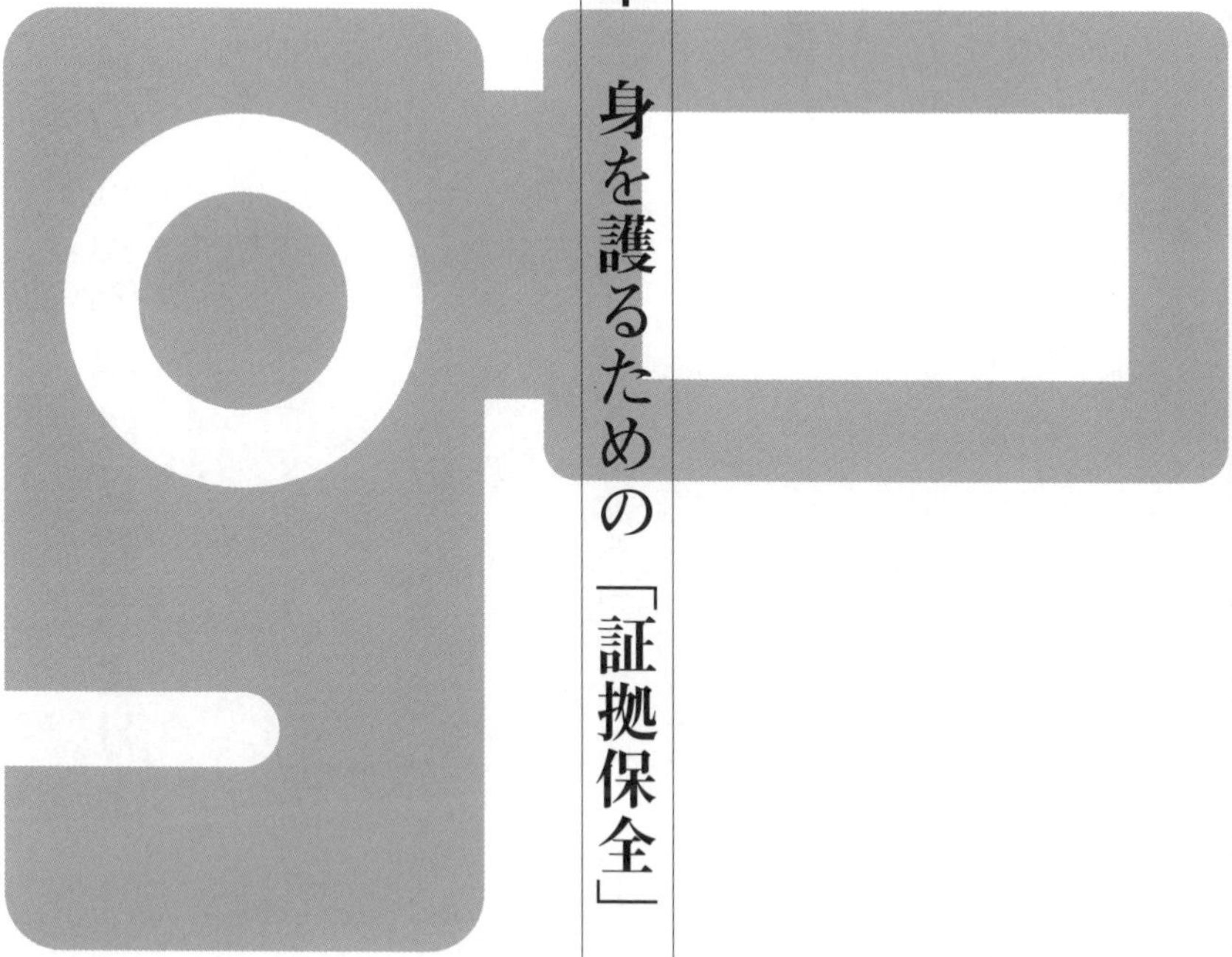

動画や録音の証拠価値は目撃者より上

間接護身はまず前提として「トラブルに巻き込まれない」ということが大事になりますが、本書を手に取る人の中には、今現在、トラブルに巻き込まれている、あるいはその兆しがあるという方も少なからずいらっしゃることでしょう。

そこでここでは、既になんらかのトラブルが起きつつある際にすべきことから紹介していきたいと思います。

証拠の保全。これは日常の間接護身で非常に大事なことのひとつです。

証拠として集めた資料をどう活用するかは、状況やその後の流れによって変わりますが、例えば音声の録音や動画を撮影した証拠の場合、第1章で例に出したような複数の人間に恐喝され、逆に相手を制圧したら「一方的に暴力を振るわれた」と警察に主張して陥れられそうになった場合などに有効です。

「許可なき撮影は盗撮だ」と、問題になると言われますが、私企業や個人の防犯カメラを含めれば、色々な場所で、私人が撮影をしているのが当たり前の現状です。特にトラブルが起きそうな状況が予測できた場合、証拠保全を前提に撮影または録音することは、間接護身的に自分の社会的生活を護るには必須の時代なのかもしれません。

実際、目撃者よりも、音声または映像による証拠のほうが、裁判官を納得させる顕著な証拠となり、もし裁判になったときには裁判官に対しての信用度合いが著しく違い、裁判になる前に交渉で解決することにもつながります。

そうしたこともあり、少しでもトラブルの気配を感じたら〝証拠保全〟を頭に入れておいて生活したほうがいいと私は考えています。


具体的な証拠保全の方法について詳しくお話を進める前に、まず自分が録音または撮影をしているという情報を相手に提示するかどうかというポイントがあります。実は「相手に記録することを伝えること自体」が駆け引きのひとつなのです。

では自分が撮影している状況を堂々と相手に見せた場合、何が起きるでしょうか。多くの場合、トラブルの最中に撮影している姿を見せたら、当然相手は怒ってエスカレートします。下手したら機材を壊されるかもしれませんし、直接暴力を振るわれて怪我したり、最悪の場合は怒り狂った相手が暴走して、殺人を含むより深刻な被害になるかもしれません。

また、例えば暴力団を相手に堂々と撮影した場合は、それを理由に難癖を付けられてお金を取られたり、暴力を振るわれても泣き寝入りせざるを得ないリスクもあります。

こう書いてしまうと「撮影していることを相手に知らせるなんてもっての外だ」と思われるかもしれません。しかし、逆に撮影しているという情報を提示したほうがいい場合もあります。

それは相手に対して精神的な圧力を掛けたい場合や、犯罪や暴力を未然に防ぎたいというケースで、こうした際は「撮影している」ということを相手に提示すること自体が、不必要な暴力や威圧を受けずに済むケースもあるからです。

つまり、相手やそのときの状況によって、撮影情報を開示するかどうかを判断すべきであり、臨機応変に使い分ける必要があるといえるでしょう。

撮影していることが挑発になるケースもある

この判断は非常に難しいのですが、相手が興奮しているときに「撮影しているよ」と言うのは、典型的なやってはいけないパターンです。相手に挑発行為と見なされるからです。

極端な言い方をすると、刃物を持っている人間に「刺せるもんなら刺してみろ」と言っているのと変わりません。

ですから、相手が興奮して危険度が高くなりそうだと判断したときは、撮影情報を開示すると火に油を注ぐ可能性もあります。

開示してもいいパターンは、

- **相手が興奮していない。**
- **撮影している状況が混乱していない。**

といったケースです。

例えば運転中に当たり屋に難癖をつけられたとき**「ドラレコで撮影してありますよ」**と言えば話が終わることもあるわけです。

防犯カメラということでひとつ例を出すと、私が何度も取り扱っていた顔見知りの店で、万引きをした若い女性がいました。

店長が万引きをした彼女を捕まえて、店の控室に連れていったところ、そこにはカメラが設置されていなかったため「店長に触られた」と犯人が大騒ぎしたことがありました。このときは幸い大事にはならなかったのですが、店長はその教訓から控室にもカメラを設置しました。

そして万引き犯を扱うときは、事前にカメラに映る場所に連れていき、相手に「カメラを付けてるから、あそこからあなたは映ってますよ」と伝え、〝窮鼠猫を噛む〟のような反撃を防ぐようになりました。

これはかなり限られた例ですが、相手に撮影していることを告げた方がいいかどうかは、次に来るであろう反撃を予測するスキルも必要となるので慎重に行う必要があります。

大義のない撮影はNG

駄目な撮影は大義のない撮影です。時折、禁煙場所で喫煙する人を注意する様子を撮影して、動画投稿サイトにアップする人もいますが、こういう撮影は疑問です。

〝相手が違反をしているから〟と相手の承諾など関係なく撮影して、例えモザイクをかけたとしても、簡単にネットで晒して良いことにはなりません。

相手からすれば、確かにルール違反をしたけれども、勝手に撮影され、ネットで吊るし上げにされる理由はないからです。

当然このようなやり方では相手が憤慨して、何をしてくるかわかりません。実際アップされている動画でも、撮影中に相手と口論や喧嘩になり警察を呼んだりしていますが、警察に助けを求めるような原因を、自分から積極的に作っているのでは、本書の目的とする間接護身から最も遠く離れた行為のひとつです。

相手に非があっても、自分の言い方や方法、態度を配慮しないと、ただ激突するだけで、お互い得るものはありません。

なお、付け加えて言うと私は重度の化学物質過敏症で、一般的な嫌煙者の方よりも、実際的な意味でタバコが苦手なので、私が喫煙者だから喫煙者を擁護するという話ではありません。

例えそれが正しいことでも言われた側が納得する形になるように、注意の仕方にも配慮が必要です。ましてや大義名分を誇って、最初から相手をネットで晒すことを意図するような方法や、そうとられるようなアプローチは避けるべきでしょう。

ネットに動画をアップするリスク

私が暮らす台湾でも毎日のように、トラブルなどを撮影してアップした動画が炎上しています。面白おかしく当事者を叩く人が出てきて〝ネットリンチ〟の状態となり、不必要に相手を追い込むケースも少なくありません。

その結果、万が一晒された当事者が耐えられずに自殺をしたり、精神的・身体的不調を訴えて裁判を起こしたり、名誉棄損等で訴えでもしたら、その責任を逃れることは難しいでしょう。

しかも相手が法律を度外視して、徹底した報復手段に打って出るリスクを考えれば、不用意としか言いようがありません。現在では相手がその気になれば住所や家族、職場といった撮影者の個人情報はもちろん、知人、友人、周辺者や、それらの方の通っている職場、学校、お稽古事まで、大抵のことを特定するのは簡単です。

一旦特定できれば、個人だけに限らず周辺者に対してまでも報復の対象になり得ます。

私自身現役の警察官時代に、実際にこういうことをしている人間を多く捕まえてきているので、その恐ろしさはぞっとするほどです。

一見おとなしそうな人でも、人は追い詰めれば、何をしてくるかわからず、本当に恐ろしい存在に豹変します。そうしたことを考えずにつまらない挑発をネットでしている人をよく見かけますが、無用な行為で人から無駄な恨みを買うようなことは武術的な意味合いはもちろん、間接護身の観点からも厳に慎むべきでしょう。

トラブルに遭った際は、使う使わないは別として、状況によっては撮影し、その後の相手の出方やトラブルによって、撮影した証拠を保全し、対処法のひとつとして備えておくことが大事ですが、軽はずみに証拠をおもちゃのように扱ってはいけません。

おもちゃのように扱った一例を出すと、警察官に対して難癖をつけ、その挑発に対して怒った警察官の言動を面白おかしく撮影し、SNSで投稿した人がいました。この結果何が起こったかというと、動画は炎上、投稿者の職場がばれ、結局投稿者は仕事を失うという結果になりました。

当人としてはまさかこんなことになるとは思っていなかったでしょうが、客観的に見れば投稿者に非があるのは明らかな状況であり、炎上するのが当たり前の動画でした。

学校で先生を挑発し、わざと殴らせてSNSで拡散しようとたくらんだ高校生たちもいましたが、これも大炎上し自分たちの非を社会から責められ、自分の親まで非難される結果になった件も記憶に新しいと思います。

自分のアルバイト先で、炎上動画をアップする若者もちらほらいますが、あれも民事刑事の責任を追及されることになり、下手をしたら一生かけて償わねばならない可能性があるのです。

動画を軽はずみに扱うことと、ネットの怖さは、いろんなところから教訓にしなくてはいけないのです。

証拠保全でスピード解決

逆に撮影をしているという情報を相手に与えないことによって、相手が自由に振る舞うため、犯罪の証拠を撮影して、後々対処することも可能です。

これは実際にあったマンション駐車場での相談事例です。

その駐車場では定期的に車やバイクのタイヤを盗まれる事件があり、「犯人はなんとなく目星が付いているので、こいつを捕まえてくれ」という相談がありました。

しかし証拠もないのに、被害者の推定だけで犯人を断定することなどできませんし、また来るとしても、警察官を常備配置して張り込ませる余裕もありません。

そこで「このような場合、現行犯逮捕するか、証拠を保全してそれで犯人を特定するしかありませんよ」と話したところ、被害者は目立たないように防犯カメラを設置しました。

しばらく経つと、この防犯カメラに予想していた犯人が引っかかり、しっかりと犯行状況が記録され、被疑者が特定できる十分な証拠が残されていました。

結局このケースでは防犯カメラの映像が証拠となり、いわゆる刑事事件として、解決を図ることができました。このような例は撮影と証拠保全という意味で、最も基本的で正攻法のやり方と言えるでしょう。

画質を取る

撮影といっても、ただやみくもに撮影すればいいわけではありませんし、技術的なことで言えば、撮影すべきシーンによって撮影機材を使い分ける技術とスキルも必要になってきます。

私もこれまで色々なスパイカメラを活用していました。今ではペン型、ネクタイ型、眼鏡型、時計型などいろいろな超小型のカメラがありますし、小さいものを加工して小物入れや植木に隠したりなど、目立たないように設置することもできます。

また、現在のものはなかなか画質もよく、小さいからといって侮れません。

撮影で大事なことは、犯行状況プラス犯人が特定できるように明確に撮ることです。撮影方法も状況によって大きく変わります。詐欺や脅迫、恐喝のようなケースであれば、隠しカメラであなたが直接撮影しなければならないでしょうし、窃盗であれば、前述の駐車場のケースのように定点カメラのやり方で済むものもあります。

もしあなたが当事者であるケースであれば、あなたの視点、あるいはそれに近い位置から撮影することが理想です。ただし、カメラによっては、バッテリーやメモリーの関係で録画

ふざけんな！
謝ってすむか。
誠意を見せろ！
それは、お金
ということで
すか？
そうだよ。
金だよ！

聞き返すことで相手から悪質な言質を引き出し、記録することで有力な証拠になる。

できる時間が短いものも多いので、その点を考慮して、事前に入念なシミュレーションと、可能であればリハーサルを行って撮影に臨むのが大事です。

撮影とともに証拠保全において特に大事なことは映像や録音の中で〝言質を取る〟ことです。相手が曖昧に何か法外の要求をしてきたら、オウム返しに「それはこういうことをしろという意味ですか？」と聞き返し、はっきり言質を取って記録化することが大事です。相手の名前がわかっていれば、**「〇〇さんは、どうお考えですか？」**などと名前をきちんと言い、犯人の言葉を意識的に繰り返すなどして、具体的に特定し記録することが重要です。

これにより、相手の悪質性と犯罪性が明確になり、証拠としてより強いものになるわけです。このオウム返しで言質を取るテクニックは刑事にとっても基礎であり、また重要な技術です。

撮影失敗⁉　新人時代の思い出

撮影については私自身、刑事になりたての頃に失敗した経験があります。

そのときは「ガサ状」いわゆる捜索差し押さえ許可状を裁判所に請求するために、所在地の写真が必要となることから、堂々と大きなカメラを持って、暴力団の事務所を撮影していました。

当然事務所には外部の様子を監視するための防犯カメラが様々なところに設置されていて、中にいる人たちは私が撮影する様子を見ていたのですが、駆け出しの私はそのことを知らず、バシャバシャと撮影していました。すると事務所から大人数の特殊な事務員が突然出てきて追いかけまわされ、数キロほど死に物狂いで逃げたことがあります。

「逃げずに正体を明かせばいいじゃないか」と思われるかもしれませんが、刑事だとバレた瞬間に、相手もガサ状対策を取るので必死で逃げるわけです。

今思えばよくバレなかったなと思うのですが、当時の私はまだ若く童顔で、ただのとっちゃん坊やにしか見えなかったのが幸いしてか、刑事だとは思われなかったようで、その後、無事に捜索差し押えを済ませることができて、ホッと胸をなでおろしました。

これもまたひとつの教訓となり、どんなケースでも隠密に相手に気付かれずに撮影する技術、機材の扱い方を習得するきっかけとなりました。

また経験を積むうちに様々なシーンで、今回は撮影情報を開示して無言の圧を与えるか、または撮影していることを隠して証拠化して追いつめるか、という判断も間違えずにできるようになりました。

とは言え、先に挙げたような失敗も様々です。なかには身内の裏切りやとんでもない失敗をした上司から責任を押しつけられたり、仕事でもプライベートでもこっぴどく騙されたこともあり、そうしたことを教訓に「二度と騙されない」ために何をするかという観点で、人を見る技術を磨いてきました。

また相手を見るだけではなく、自分の言動についても注意深くするとともに、独自の観察眼を養っていきました。特に職業や肩書で、相手を見て信用してしまうのが人の基本的な心理ですが、私の経験から言えば警察官だからといって正義の味方とは限らないし、弁護士や医者だからといって絶対に正しいことを言っているとも限りません。その上で相手を見定めて対処する方法を学びました。例え肩書の立派な方が関係するトラブルであっても、自分がどうしても引いてはならないケースであれば、相手が誰であろうと戦う必要があり、そこで必要となるのが証拠の保全なのです。

身近な証拠保全が役に立った

ここで、「真面目に生きていれば、そんなにトラブルに遭遇することもないんじゃないですか?」と思われる方もいらっしゃるでしょう。確かに日常を普通に暮らしている人にとって、証拠を押さえ、保全し、活用するということはイメージがしづらいでしょう。

そこでここでは、ちょっと身近な活用事例を出そうと思います。

わかりやすい例として、警察話ではなくて私がプライベートで体験した賃貸トラブルのお話をします。

先に結論を申し上げると、賃貸物件に住む場合は、まず証拠保全をしておくことがとても大事です。私はこれまで何度か賃貸物件に住んできましたが、台湾に移住する直前に住んだ部屋がいわゆる悪徳業者で、立ち退き時に30万円ぐらいの料金を請求されました。

支払い済みの敷金2カ月分は修繕費として相殺して返さず、さらに敷金2カ月分程度の金を追加で請求されて、かなり腹の立ったのを今でも覚えています。壁紙全部の貼り替えや床のワックスなどいろんなものを加算して〝便乗しすぎじゃないか〟と疑問の残る請求で、当然支払いませんでした。私はその物件に入居するとき、新築だったのでそれほど警戒はしていませんでしたが、本来は入居の際に徹底した写真撮影をしておきますし、業者に問題点を聞いておき、その問題点があっても妥協して入居しなくてはならない場合は録音もします。

特に破損や傷、汚損のある場所については多くの写真を撮り、退去時にそれらの箇所の請求をされたら拒絶できるように記録化しておくのです。

さらに付け加えれば、今なら国交省ガイドラインのホームページに、「入退去時の物件状況及び原状回復確認リスト」もあるので、これも活用するといいかと思います。

また質の悪い業者に対処するには記録化だけではなく、知識による理論武装も大事です。それに照らし合わせれば、私のケースで請求されたものは、ほぼ通常損耗の範囲内で収まるものが多く、支払い義務があるとは言い難いものでした。

私がこうした判断ができたのは、通常損耗についてのトラブルの事例検討をある程度事前に読み勉強しておいたことと、管理業務主任者（マンション管理業者が管理組合等に対して

管理委託契約に関する重要事項の説明や管理事務報告を行う際に必要な国家資格の保持者）の資格を持っていたことによります。そこで話し合いの席で、相手の請求が「通常の範囲を超えているのではないか」と主張しました。ところが、相手は「この素人が」という態度で馬鹿にして引き下がりません。

このとき、私は相手には知らせずに会話を録音していたので、

「今このやりとりについては録音をしている。私はこの請求はおかしいのではないかと疑問を持っている。裏を取って確認するため、この請求書も写真に撮って不動産管理の同業者に友人が数人いるので意見を聞く。その上で対応を考える」

と言ったところ、相手は急に態度を変えて、請求するのを諦めました。

正直この手のトラブルは、感情的になって裁判だのなんだのと互いに全力で激突すればするほど、うんざりするほどの労力と時間に加え、無駄なお金まで掛かります。そうしたことを避けるために、証拠をしっかり取ることで、それを使って交渉し、その場で決着を付けることも可能なわけです。

こうした際の録音にも「その行為そのものが盗聴になるのではないか」という話がありま

すが、このケースでは〝証拠保全のため〟という明確な大義があるので、それには当たりません。勝手に相手の家に忍び込んで、機密情報を盗み聞きするような盗聴とは全く別物で、あくまでも民法刑法などの法律を前提に戦うための証拠保全ですので、そうしたことを気にする必要はありません。むしろそんなことを気にして証拠保全をせず、泣き寝入りするほうがよほど問題ではないかと思います。

大事なことは、

相手に非があるということを、明確に証拠化しておくこと。

そのための知識を持っておくこと。

そして、

一番効果的なタイミングを計って証拠を出すこと。

です。

さらに言えば、相手の逃げ道も作ってあげることが大事です。逃げ道となる妥協点・選択肢をあらかじめ用意しておくことで、相手は頑張り続けず、諦めることができます。

例え自分に正義があり相手が悪質な詐欺業者だからといって「本社に乗り込んで、マスコミやネットでも煽って、警察も弁護士も巻き込んで徹底的に追い込んでやるから覚悟しろ！」という態度では、逃げ場のなくなった相手が破れかぶれとなって何をしてくるかわかりません。

もし本気で相手をとことん追い詰めるつもりであれば、最初からやりとりの方法も変わります。また相手方の執拗な報復も覚悟して行動しなくてはならず、そのためには自分もそれ相応のリスクと犠牲、そして覚悟が必要になります。

ですから、まず徹底的にやるべき価値があるのかどうか、それとも予め逃げ道、落とし所を作っておくか、そのことも考慮して始める必要があります。

ここで例にあげた不動産のケースは、最初からどこかで折り合いを付けることを目指したものでしたので、録音していることを相手に知らせないほうが有効なケースでした。

仮にこのケースで録音をしていることを最初に明かしていれば、相手も馬鹿ではありませんので、言葉も選ぶでしょうし、違う方法で、何か悪だくみを仕掛けていたことでしょう。

その結果、互いに疲弊する徹底したぶつかり合いになっていたかもしれません。

録音の際の心得

音声を証拠化するためには当然、録音機が必要です。ただ、実際にこうした場面で使うためには、相手に気付かれずに録音できるように、操作に慣れておく必要があります。また、安物は音質が良くない可能性もあるし、採取できる広さ距離にも限りがあるので、それなりに高音質に録音できるものを選び、かつポケットの中で片手で操作可能なものがお勧めです。私はポケットに手を突っ込んで操作する練習を繰り返し、相手に気付かれずに録音することができるように訓練しました。

ズボンのポケットに入れて録音する場合は、着衣の擦れる音が、録音した音に被って台無しになる可能性があります。ですから録音しているときは、不必要に体を動かさないということも大事なポイントです。いらいらしたり不安になってくると、人というのは面白いもので落ち着きがなくなり、体を動かして不安を取り除こうとしてしまうのです。

こういう雑音が心配なら、話の途中で「トイレに行きます」と言って、トイレの中で録音機をカバンやポーチの中に入れた状態のまま録音をスタートさせ、自分の近くに置くという形でやり直しすることもいい方法です（もちろん事前の訓練は必須です）。

またはは事前に録音・録画機をセッティングした場所へ相手をおびき出せるなら、その方が成功の確率は高いでしょう。

これらの訓練と心構えは、証拠保全というテーマでは極めて大事なスキルのひとつです。

証拠保全の必要性を見極める

あとは時と場合をわきまえて証拠保全をすることが大事です。「用心のために」となんでもかんでも証拠保全していれば〝社会常識のない人〟と思われるでしょう。冷静にトラブルの軽重をきちんと考え、状況によっては自分の社会的な尊厳を全て失うことや、裁判になる可能性、身体および財産にひどい損害を被る可能性がある等、明確に自分への危険やリスクがあることを算定したうえで行うことが大事です。

間接護身の大事な心得のひとつに**〝激突した相手を叩き伏せるために証拠保全をするわけではない〟**ということがあります。このさじ加減を間違えると、無駄なトラブルをさらに生みだすことになり、争いが争いを生む悪循環に陥ります。なんであれ始めるのであればまず終焉させることを念頭においた形でやらねばならないのです。

ですから、ケースごとに証拠保全が本当に必要なのか、そもそも戦う必要があるのかをよく考えて、実行することが大事です。

六何の原則

もうひとつ、ここで大事なことを書いておきましょう。これは警察機構では〝六何の原則〟と呼ばれるものです。民間では5W1Hと呼ばれているもので、司法書類を書くときの原則です。

- **いつ**
- **どこで**
- **誰が**
- **何を**
- **どのように**

・どうした

この6つを必ず項目として書けるようにしないといけないわけですが、証拠を保全するときもまた同様です。

よくある失敗が〝いつ＝時間〟で、いつ証拠化したかわからなくなるというものです。〝録音したけど、これはいつだっけ？〟と記憶を呼び起こしつつやっていたのでは証拠としての価値を疑われかねません。

私はよく電波時計の日付と時間を一緒に撮影するようにしていました。これにより客観的に正確な時間を証拠化することができます。

音声録音のときは、最初に時間を吹き込めれば理想ですが、それが状況的に難しい場合、最後に吹き込むことが大事です。この際に、

「発生日時は何月何日何時から何時まで、発生場所はどこどこで、被害者は誰で、関係者は誰でどういう事件でどうなった」

ということを、六何の原則で吹き込んでおくと、後でもし裁判になったり、第三者に証拠を見せなければならないときに非常に役立ちます。

現職時代は詐欺を扱う部署にいたので、よくお金の貸し借りでのトラブルで「詐欺にあった！」と相談を受けたのですが、詐欺事件を立証するには人を欺罔《ぎもう》（嘘を言ったり嘘の状況を真実と思いこませて相手を騙す行為）して錯誤（嘘を信じ込ませる）に陥らせ、財物（お金や貴重品、当人にとって大事なものや不動産等々）を交付させる（だまし取る）という一連の流れを証明する必要があります。

借用書しか証拠がない状態で警察に相談しても「これは民事トラブルだから無理です」「言った言わないでは無理です」「借用書だけじゃ証拠になりません」と、まともに話を聞いてくれないのが実情です。

ただ、もしこのお金の貸し借りのやりとりを六何の原則に基づいてきちんと記録していて、さらには欺罔行為であるということが立証できたらどうでしょう？　話は大きく変わります。

例えば「いまやってる仕事の入金が○○社から○月○日に入るんだ。そのお金が入金されたら返すからそれまでの期間でいい、１００万円貸してほしい」と言われた状況を撮影・録音しておき、実はその仕事は全くやっていない等の裏が取れたら〝嘘を言ってお金をだまし取った証拠〟となるわけです。

また同じようなことを複数やっている等の話まで取れるとさらに理想です。これだけで警察が動いてくれるとは断言できませんが、刑事事件として受理できる可能性につながります。「返済のためにどういうことをして、どういう理由で返済が可能なのか」。そうした言質を録音しておき、後で裏を取れるように仕込んでおくのはとても大事なことです。

お金の貸し借りだけで例を出しましたが、他の件でも同様です。必ず言質を取り、後で裏を取れるようにしておくのが、トラブルを早期に解決するため大事なことなのです。

防犯カメラについて

既に相手が自分の家を特定して、建物や敷地内に侵入していると感じる場合、防犯カメラを設置し、相手を撮影することで解決に導くという選択肢もあります。

防犯カメラを設置するときは、明確な目的を明らかにしたうえで機材を選定することが大事です。何を記録するのが目的なのかを考えずに、業者に言われたままに設置しているケースが多く、私の現役時代にも防犯カメラが設置されていたにもかかわらず、肝心な映像が撮れておらず、犯人の特定に至るには難しいケースが多かったのも事実です。

提出された画像を見ながら「この角度に付けてほしかった」「もっと解像度の高いものにしてほしかった」「夜間対応じゃないカメラなので鮮明に映ってない」など被害者の方とともに悔しい思いをしたこともあります。

ただ、私が現職の当時に比べれば様々な点で改善され、機材の進化などもあるので、何に困っていて、何を目的にしているのかを明確にしたうえで、業者と相談して進めるのもひとつの選択肢です。

また、現在では自分で設置できる防犯カメラも増えているので、自力で設置することも可能でしょう。

その場合も、「相手の犯行を抑制するのが目的」か、それとも「犯罪の証拠を集めるのが目的なのか」をよく考えた上で、機材を選定しカメラを設置する必要があります。

私がお勧めなのはダミーカメラを使った方法です。

これはまず、どこから見てもわかるダミーカメラを設置します。相手の犯意が弱ければ、これだけで諦めることもあるでしょう。

もし犯意が強ければ、相手はこのダミーカメラを警戒して、撮影されていないと考える角度から攻めてきます。そこへ本物のカメラをわからないように設置するわけです。つまりダミーを使うことで、相手を自分の希望するルートに誘導して、行動させることで決定的な証拠映像を撮影することが可能になるわけです。

またそれ以外にも〝こちら側を通ってほしくない〟と思った所へ、歩くと音の鳴る砂利を撒いたり、障害物を置いて歩きにくくしたり、感知式のライトを設置したりと、その状況に合わせて色々できることはあります。

特にこの手のテクニックは、嫌がらせ系のことに悩まされている方に有効です。犯人を誘導するテクニックは、自分が犯人だったらどうするか？　ということを前提に考えて分析していくと、誘導しやすくなります。

証拠を保全するためには、こうしたテクニックが必要となります。一般の保安関連の業者はあくまでも防犯が目的のため、強い意志を持った犯人の場合は、諦めず必ず守りの甘いところや死角を突いてきます。また「やられた！」と憤慨しつつも、誰がやったかわからないまま不安な日々を送る心理的なリスクを考えても、ただ護るだけではなく、守りつつ攻めることが非常に大事です。

基本的に、犯人は攻める側、被害者は護る側です。これは防犯カメラだけにとどまらず、直接護身、間接護身の全てがそういう立ち位置です。

どちらが有利かというと当然攻める側です。それだけに攻める側が何をしてくるのか、よく吟味して考え、その数歩先を歩いて、予測し、対処しないといけないのです。

記録保全でクレーマーを撃退！

比較的身近なトラブルとしてクレーマーへの証拠保全を用いた対処法を紹介しておきましょう。

クレーマーも様々ですが、あまりに要求が度を過ぎている場合は、ただ平謝りで応じるのも考えものです。特に土下座させたり、金品を要求された場合はもう事件として対処すべきです。

実際に土下座させるという行為は、悪質であれば強要罪となります。ほとんどの場合、こちらに非がないことでも、相手がお客であることからその場しのぎに相手に平謝りしてしまうケースが多いようです。確かに、謝って済むことであればそれもひとつの現実的な手段ですが、度を超えて自分の心身に危険を感じた場合は、毅然とした対処が必要になります。また理不尽なクレームを「面倒くさいから」と正しい対処をしないことが、業務への差し障りはもちろん、社会的な信頼関係を傷つけるリスクもあります。

では、常識の範囲内では収まらないクレーマーに対してどう対処すべきでしょうか？　まず大事なのは、「法に触れているかどうか」、つまり先ほど触れた「強要罪に問えるかどうか」を吟味することです。

土下座でクレーマーに逆襲!?

多くのクレーマーは土下座を要求するケースが多いのですが、その土下座が逆にこちらの武器となるのです。

もし相手が、

「お前の謝り方は気に入らねえ、謝るなら土下座しろ！」

などと言ってきたら、まず、

「そこまでしないと駄目なんですか？」あるいは、「土下座は嫌なんですが」

と応じます。その上で相手が無理やり土下座を求めてきたら（こうした反応をすると余計に激高して土下座を無理強いしてくるケースが多いです）、素直に土下座をしてしまいましょう。

そしてその後すぐに、

「嫌がる相手に無理やり土下座をさせる行為は、犯罪だということはご存じでしょうか」

と相手に問うのです。

相手は自分が〝被害者である〟という立場だと思い込んでいることで、強気でいるところを、土下座をさせることで立場が逆転し、被疑者になったことを認識させるのです。

当然「悪いのはお前だ！」と騒ぐでしょうが、そこで冷静に、

「もうここまでくるとやりすぎです。これ以上、無理強いを要求するのであれば、残念ながら訴えさせていただきます」

と促すのです。

こうしたやりとりの際に、お店であれば防犯カメラに映ることで記録します。可能であれ

ば同僚に録画を頼んだり、携帯やスマホなどでやりとりを録音しておくとよいでしょう。

110番通報が大事な理由

ここで相手が冷静になるのであれば、こうしたことを二度と起こさないことを約束させた上で事を収めてもよいでしょう。それでも相手が騒ぎ続けるのであれば、警察に110番通報します。**大事なことは近所の警察署に電話をかけるのではなく、110番通報することです。**これにより警察は本部報告の責任が生じ、警察はお互いの個人情報を特定して記録するからです。警察署へ電話をして警察官を呼んだ場合は、記録化する責任がないので、当事者の個人情報が把握できないまま終わってしまうことがあるのです。

相手が事後に嫌がらせをしてくる可能性があることを考えると、証拠保全という意味を含めて110番通報することは非常に大事です。

そうした状況であれば、相手に対して、

「もし今後、ネットを含めて、何かこうした迷惑行為をしてきた場合は、それなりの対応を取らせていただきます。また土下座を強要した動画も記録してあることをお忘れなく」

と言えるわけです。

攻撃する側は、実は攻撃されることと報復されることには弱く、その意思を示されると腰が引けるのもまた心理のひとつなのです。不思議なことですが、攻撃を仕掛ける人間は、相手が一切反撃しないと思って仕掛けている人も結構いるのです。

ですから「こちらも牙を持っているし、出方次第では報復するよ」という姿勢を見せると、相手は途端にしっぽを丸めることが多いので、これもまた間接護身の技術のひとつと言えるでしょう。

また110番通報をすることで、警察経由で相手の住所や個人情報が特定されているので、その点も含めて、その後の過剰な行動に至るのを抑制することができます。

そのためにも、土下座などを強要された時点で被疑者の個人情報を警察に特定させておくと、あとで相手が逆恨みからさらなる犯罪行為に走って被害届を出さざるをえなくなったときに、警察が容疑者の特定から解決までのスピードが格段に変わるのです。これは精神的、経済的な負担にも大きく関わってきます。

実際にクレーマーが怖いのは、常軌を逸したクレームだけでなく、逆恨みによるさらなる追加の攻撃です。特にご商売をされている場合は信用問題になるケースもあり、場合によってはお店の存続にも影響が出てきます。ですから反撃の際には、相手がこれ以上こちらに近づけないように先手を打ち続けることが大事なのです。

ここで挙げた例はあくまでも一例であり、その状況や相手によって様々な対処方法があり、ケースバイケースです。ただ、いずれにしても大事なのは感情に任せて判断しないということです。そこで、

・相手を一方的に有利にしない。
・相手を被害者から被疑者に落とし込む。
・１１０番通報することで相手の個人情報を特定する。
・録画、録音などで証拠を保全する。
・相談先が動いてくれる形に持っていく。

この５つを前提に行動すれば、いずれの場合も良い状況に導くことができると思います。

コラム #02

交通トラブルでの間接護身

護身ということで昨今注目を集めているのが交通トラブルでしょう。

まず、可能であればドライブレコーダーを付けておき、外からでもわかるように車にもその旨を示すステッカーを張っておくことがお勧めです。これだけでも予防という意味では十分効果があります。

また実際に自分には非がないにもかかわらず、危険な運転で嫌がらせを受けた場合は、同乗者がいる場合は可能な限り車を停めず、速やかに110番通報をすることが大事です。もし一般道で派出所や警察署が近い場合は、そちらに向かっても良いでしょう。敷地内に入ったところで車の中から警察官を呼び、相手との間に入ってもらいつつ、ドライブレコーダーあるいは携帯などで撮影した映像とともに事情を説明します。

単独で相手をやり過ごすことができず、そのまま走行を続けると危険だと感じた場合は、安全なところへ車を停めて110番通報します。大事なことは車から一歩も出ないということです。

車外から恫喝的な言動がある場合は、その様子を撮影しながら応対しつつ、警察の到着を待ちます。通報の際には、「交通トラブルで、相手が興奮していて車を壊して危害を加えてきそうです!」と、緊急性を明確に伝えることが大事です。こう説明すれば、警察官も急いで来てくれます。

いずれにしても大事なことは、ドライブレコーダーを設置し、外からもそれがわかるようにしたうえで、万が一のときには車外に出ず警察に連絡することです。

レンタカーであっても持ち込みでドライブレコーダーを設置することは可能ですので、検討してみても良いでしょう。

ドライブレコーダーやステッカーだけで、
避けられるトラブルがある。

第7章　詫びのメリットを計算する

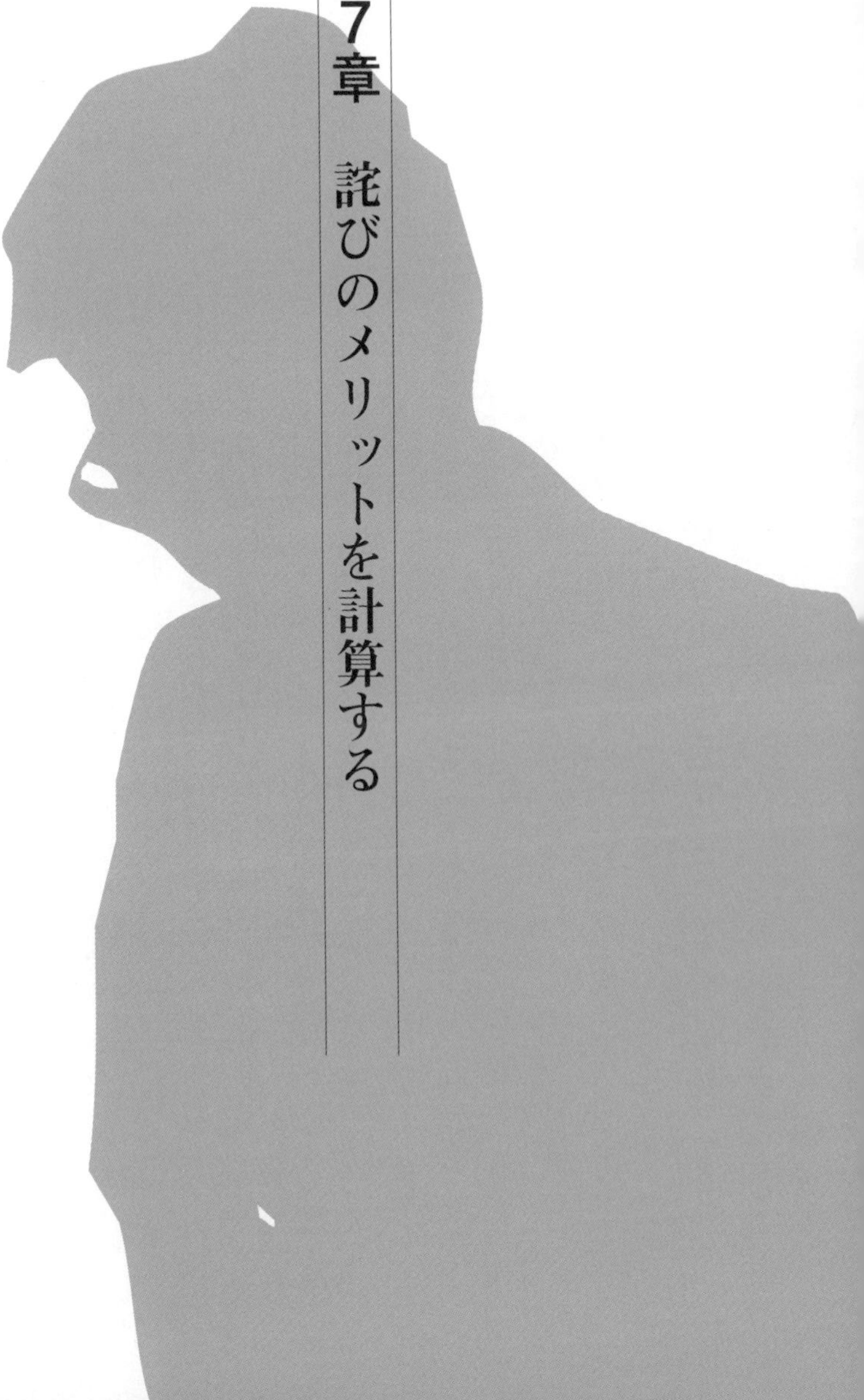

「詫び」の難しさ

ここでは「詫び」と「お酒」について大事なことを書いていきたいと思います。

まずは、「詫び」というものについて触れていきますが、皆さんは、詫び、謝る、謝罪するということについて、どんなイメージをお持ちでしょうか。

恐らくなんらかの仕事をしていれば、日常的に使われているのではないでしょうか。

理不尽な上司、先輩、取引先などに、自分に落ち度はないのに、無理難題や難癖をつけられ、結局自分が詫びることで丸く収まる、ということを経験している方は少なくないでしょう。程度は様々ですが、自分に非がなくても詫びることでスムーズにその場をやり過ごしている方は多いのではないでしょうか。

ちなみに警察で当直をする際には、事件のない間は電話番をするのですが、一晩で数十件のクレームの電話があり、実際に怒鳴りこんでくる人もいます。

そのクレームも主張する側が悪いものや自業自得であるものも多いですが、「それはあなたが悪いでしょ」などと言ってしまえば「火に油」で大変なことになります。感情的になっている相手に、刺激するような発言は間接護身的にも絶対にNGです。

とはいえ、受けた側も警察ですので理不尽な要求に謝るわけにはいかず、当直刑事は素直に「ごめんなさい」とは言わない代わりに、言葉を巧みに相手に「詫びた」という印象を持たせて気分良く電話を切ってもらう、お引き取り願う必要があるわけです。

もちろんこれには駆け引きが必要で、「時間がもったいないから」とさっさと終わらせようとすると、却って怒り出すことも少なくありません。こうしたクレームを入れてくるタイプは「もっと俺に文句を言わせろ！　すっきりさせろ！　まずはそれからだ」という欲求があり、先に言いたいことを言わせてやらないと、たとえこちらが低姿勢で応じていても収まらず、それどころかさらにエスカレートすることがあるからです。

また相手が会話を録音、盗撮している可能性もありますので、たとえ面倒臭くても、言動には細心の注意を払わないといけません。

相手があまりにも理不尽かつ下品で挑発ばかりして、どうしようもないからといってそれに応じてしまうと、その部分だけを切り取った音声や動画を作り「公僕にこんなことを言われた！　謝罪と賠償を要求する！」と騒ぎだし、酷いとテレビに警察幹部や知事が出て謝罪したり、自分も警察内部から事情聴取を何度もされた挙句、監察などに呼ばれる可能性もあります。

警察官というのは一見立場が強いようでいても、ちょっとした言動が槍玉に挙げられることもあるので、こうしたクレームへの対応にはとても神経を使います。

警官時代の〝詫び〟を巡る思い出

私自身、以前名古屋で被害を受けた振り込め詐欺に関連して、被害金を私の管轄する地区に居住する親戚が立て替えて振り込むという、二つの署轄をまたぐ特殊なケースを担当したことがありました。

結局犯人がお金を引き出す前に、私が素早く銀行に連絡して対応できたため、親戚の口座を凍結してお金を取り返すことができたのですが、事後の処理で改めて被害者に事情を聞こうと連絡をしたところ「名古屋の警察と連携が取れてない！　なぜ名古屋の警察に聞かず俺に聞くんだ⁉　名古屋の警察はもうこの件で事情を聞くことはないと言っていた。警察同士で言っていることが違う、バカにしてるのか！」と激高されたことがありました。

職務とはいえ警察のお陰でお金を取り戻すことができたのですが、それも忘れてしまったのか「他県と連携の取れない刑事に不快な思いをさせられた！」と国家公安委員会に苦情を入れたため、私は1カ月以上定期的に事情聴取を受ける羽目になりました。後で、事情を知った親戚一同が来て謝罪を受けましたが、聴取では何度も同じ質問を受けなければならずひどく疲弊してしまい、正直言うと「あなたたちを助けるために一生懸命やったあげくがこれか」と、モヤモヤした気持ちは晴れませんでした。

ただ、この経験も「被害者であっても、興奮すると何をするかわからない」ということを身をもって教えてくれたわけで、当時は本当に肉体的にも精神的にも疲れましたが、いまではいい経験だと思えるようになっています。

間接護身的〝詫び〟とはなにか？

さて、どうしたら詫びをうまく使えるかです。

ここでいう詫びは、**必ずしも自分が悪いわけではない状況で、物事をスムーズに進めるためにあえて行う詫び**であることが前提です。

無用なトラブルを避けるための**「間接護身的〝詫び〟」**と言い換えてもよいでしょう。

詫びの大事なポイントのひとつは、先ほどの警察へのクレームでも登場した「相手がすっきりするまで言わせる」。まずはここにあります。

これが事情聴取をする刑事であれば、言うだけ言わせて、その間に相手に付け入るつっこみどころをじっくりと把握して、場合によってはそこから逆に相手をねじ伏せたりする、反撃的口撃の手法もあります。

「格好悪いところを見せられない」の罠

冒頭に書いたように大抵の方は社会生活を送るなかで、「間接護身的〝詫び〟」の素養と経験値は多かれ少なかれ持っています。問題はこのスキルを活用するのを忘れることです。その代表例が、恋人や家族が同伴しているときにトラブルが起きたケースです。

「恋人の前で自分が悪くもないのに謝るなんて、格好が悪い姿は見せられない！」と意地を張ったがために恋人までも巻き込んで、痛烈な被害を受けることもあるわけです。

また家族と一緒の場面で「子どもの前で詫びられない」というケースもあるでしょう。また、ありがちなのが自分の妻や子どもがトラブルの原因となってしまった場合、自分が当事者の場合に比べて怒りの感情を抱きやすく、激高してしまい、詫びるどころではなくなってしまうわけです。

この辺りの感情のコントロールは非常に難しく、冷静に考えれば当たり前のことも、その場になると、この当たり前のことがわからなくなる「落とし穴」でしょう。

では、この当たり前のことを忘れずに、冷静に「詫びて」その場を収めるために何が必要でしょうか。

それは「思考を変えること」です。もっと具体的に言えば、

「トラブルに対して損得勘定で計算する」

ということです。

仮に詫びずに、お互い一歩も引かなかった場合、それが口論で済んでも、誰か（駅員や警備員など）が通報して警察沙汰になれば、長時間にわたって拘束されます。最終的には互いに注意処分程度で済んでも、その日の予定はもちろん気分も台無しです。おまけに同伴者からも「つまらないことでなにをやってるの⁉」と、思われてしまう可能性もあるでしょう。

こうしたトラブルによる鬱的気分は、プライドにも関わってくるため意外に長く引きずるうえに、これをきっかけに恋人との関係が悪くなったり、子どもや妻にも悪い見本を示し、威厳を失う可能性もあるわけです。

口先だけで詫びて済ませ、さっさとその場から引けば数十秒で終わったものが、これだけの損をすることになる。計算をしてみると結構バカらしいと思いませんか。

平和に過ごすことの価値

私自身、警察官時代にこうした些細なことが切っ掛けでトラブルになったケースを沢山扱いましたが、大抵の場合、当事者の方は冷静になると「なんであのときこんなつまらないことで意地を張ってしまったんだろう……」と後悔していました。

それでもこれは軽い方です。もしお互いに引かず、殴り合いになったらどうでしょうか？　警察沙汰になれば当然刑事処分も受けるわけですし、怪我をしていれば治療はもちろん、それが影響して仕事にも支障が出るでしょう。またそのことが職場に知られたら、当然印象はよくなく、会社によっては懲戒解雇されることもあるでしょう。そうなった場合、生活や家族はどうなるでしょうか。さらに相手に怪我をさせていれば慰謝料のことも考えなければならないわけです。

些細なことが切っ掛けで、怪我をしたり職を失ったり未来への展望や目標がつぶれたり、同伴者がいた場合は、その人も被害に巻き込んでしまう可能性もあるわけです。

そう考えると、なんとばからしいことでしょうか。

ここまで書けば、損得勘定で考えれば、詫びるという選択肢がもっとも合理的だということがおわかりいただけると思います。

「そうかもしれないけれどプライドが」「男として曲げられない」という声があることもわかります。ただ、もしかするとそう言う方ほど、今置かれている何気ない平和な日常のありがたみを忘れているのかもしれません。

場合によってはつまらない意地を張った数秒が、その後の人生を大きく変えてしまうこともあるわけです。

ここでも大事になるのは「自分の身の丈を考える」ということです。

- **今の仕事を失っても、同じような待遇、環境の仕事でやりなおせるか。**
- **前科を持っても同じような待遇の仕事を持てるだろうか。**
- **家族や同僚、友人はこの過ちを全く否定せず受け入れてくれるだろうか。**
- **自分のみならず家族が巻き込まれても、理解してその被害を甘んじて受け入れてくれるだろうか。**

そうした自分の身の丈を冷静に判断したうえで、損得勘定を真剣に考える。何か事件の報道があるたびに〝自分がもし当事者、しかも犯人側だったら〟と考えることが、これまでも書いてきたとおり重要なポイントになります。

一瞬の行動が自分はもちろん、家族の生活を壊してしまう可能性がある。

こういった点は、読み手側の人に伝わりにくく、必ず極論で返してくる方もおられます。つまり、

「相手に殺されそうになったら相手を殺す、それしかない」と。

こうした論が登場する背景には「その結果、自分が逮捕されても構わない」というある種の潔さがあるようです。しかし、実際にそうなった場合、事はその人個人ではとどまりません。ある意味で、当人は刑に服せばいいだけですが、本当に大変なのは身内やこれまでお世話になった人たちです。

私が実際に知っているケースでも、人を殺したため留置場で離婚届を弁護士に書かされていた被疑者もいました。一家離散は当たり前ですが、自分の妻も社会的には「人殺しの嫁」とし

て好奇の目で見られ、下手をすれば住む場所を転々としたり、就職もままならない可能性も出てきます。奥さんですらそうなのですから、お子さんがいた場合どうでしょうか？　就職はもちろん、結婚にも影響してきます。

一時の感情の爆発によって、自分は覚悟の上でも身内を含めた周囲の人を社会的に抹殺することになってしまうのです。そうした意味からも「いざというときは相手を殺す」あるいは「相手が死んでも構わない」といった意見は、冷静に考えると極めて不合理であり、その結果は悲劇しか生まないのではないかと私は思うのです。

私はことあるごとに「報道を見て調べて深掘りして想定する」という話をしていますが、これは警察思考のひとつにある「最悪を想定せよ」ということに関係しています。

普通の人から見れば「あなた、ちょっと病気じゃないの」と言われるぐらい、神経質かつ過敏に、最悪の中のさらなる最悪というものについて考え、「その場合、自分だったらどうするか」「この状態になったら自分は耐えられるのか、回避できるのか」「どうすれば周囲に犠牲を出さずに済ませられるか」など、対処の方法についてリアルに考えるのです。

考えれば考えるほど引き起こされた結果が割に合っていないことがわかるとともに、**詫びるだけで済むということの価値と、それがどれだけ重要であるか**に気付くわけです。

引いても命や生活に影響のないことなら引く、これはきわめて大事なことなのです。

人間関係を損得勘定で生きると、逆に信頼や人とのつながりなど、大事な宝を失ったりしますが、犯罪に巻き込まれるようなトラブルのリスクについてだけは、感情は一切抜きで、淡々と損得勘定で考えたほうが絶対にいいと断言できるでしょう。

逆にこうした損得勘定をしたうえで、どうしてもリスクを冒さなければならない場面もあるでしょうが、それは直接護身の領域ですのでここでは触れません。間接護身的な理想は「詫び」による直接護身を使わないで済むように身を処すことと言えます。

「お酒」の罠

さて、メンツやプライドとともに「詫び」を邪魔するのが「お酒」です。

酒に酔うと、詫びるというスキルがうまくできない人が増えます。

お酒は美味しく楽しくもありますが、一方で昔から言われるとおり「魔物」でもあります。

お読みの方の中にも酒で失敗した経験がある方がいらっしゃるのではないでしょうか。

笑い話で済めば良いのですが、交番勤務時代、普段は温厚で真面目なサラリーマンがお酒で豹変して、つまらない口論の果てに相手をぶちのめし、さらに止めに入った警察官にまで暴力を振るい逮捕というケースは日常茶飯事でした。

翌日の朝、お酒が抜けたところで取調べてみると、自分のやったことを「全く覚えてない」と言いますが、もちろんそれで通るはずがありません。失うものはあまりにも多く、職を失った方もいますし、家族と縁を切られた方もいるわけです。

経験から言うと、一流企業や公務員等、社会的地位がそれなりにある人ほど、こうしたことで、それまで培ってきたものを全てなくしてしまうケースが多いように感じます。

警察官時代「酒はトイレに3回行ったら、もう飲むのをやめろ」と言う上司がいましたが、つまらないトラブルを未然に防ぐための間接護身として、経験から教えてくれていたのだなと、今になってふと思い出します。

トラブルにならないお酒の飲み方

私自身、酒は大好きなほうでしたが、長年患っている化学物質過敏症が最近また悪化し、酒を飲んだ後、アルコールを分解したときに発生する化学物質のアセトアルデヒドに過敏に反応するようで、翌日にもひどい影響が出て日常生活にかなり支障が出るため、いまは飲まないようにしています。

過敏症以外に歳のせいもあるのでしょうが、毎日長時間稽古をするのに、お酒を飲むと疲労が抜けなくなることや、体のキレが悪くなって重く感じ、集中力も欠き、自分を限界まで追い込めなくなるうえに、怪我をしやすくなることもお酒をやめた理由のひとつです。

お酒が飲めないのは結構さみしいものですが、武芸に励むこととの優先順位を考えて、割り切るようにしています。

ただ、これは私の環境だから割りきってやめることもできますが、お仕事によっては付き合いの酒を避けることが難しいかもしれません。昔ほどではないでしょうが、そういう場面が多い職種もありますし、実際、酒があってこそ付き合いや相手との距離を近づけて物事が円滑に進むこともあるでしょう。

「私は飲めません」となかなか言えない場面もあることを考えると、間接護身的には酒を飲んだときにトラブルが起きそうになっても、詫びというスキルを使えるかどうかの検証が重要になってきます。

私が実際に行った練習法のひとつに、嫌な上司や先輩と飲む機会をあえて増やすことがあります。もちろんストレスも溜まりますし、酒も不味いし、なにより酔った勢いで思わず反論したり否定したりしたくなる感情も出てきます。それを酔った状態でも抑制し、〝いまこいつを理論でねじふせたり怒らせたらどんなリスクが起きるだろう〟と冷静に損得勘定をするわけです。

そうしたお酒の場面で、どれだけ感情を揺さぶられても冷静にいられるか。そのなかで感情のコントロールはもちろんですが、お酒の飲み方、うまく飲んでいるように見せる技術を含めて学ぶことができるわけです。

ある程度できるようになってくると、いざという場面でもスッと自然に詫びを入れてトラブルを回避したり、そもそもそうした場面事態を回避できるようになります。

とはいえ、これはなかなかリスクが高くストレスもあるため、そこまでやらなくても、飲み方の工夫は覚えておくと良いでしょう。

具体的には慣れているお酒を、慣れているペースで飲むということです。珍しいお酒や普段飲み慣れていないお酒を飲むと、どれぐらいの時間でどれほど酔うかわからないため想定以上に酔ってしまい、トラブルを察知したり回避する意識が鈍くなります。

逆に言えば自分がどれぐらいで酔うのかを把握して、ペースを維持することも大事です。嫌なことがあり荒れていると浴びるほど飲みたくなりますし、そういうときに限って何か想定しないトラブルが起きやすくなります。また、酒量を減らすのも大事なことだと思います。そのためには体力を使う趣味を持つのもいいでしょう。実際に筋トレや格闘技のジムに行くようになってお酒をやめた方もおられます。

お酒をやめることを勧めるわけではありませんが、どうしてもお酒を飲んでトラブルを回避する自信がないという方は、体力を使う趣味を持って、飲酒の回数を減らすのも、悪くないのではと感じます。

酔った状態の自分に何ができるのかを知る

次に、詫びが通じない場合どうするかという話に触れたいと思います。

お酒を飲んだ人間をカモにしようとする人間も中にはいて、そういう人間に難癖をつけられたりしたらなかなか回避は難しいものです。

詫びているのに向こうが引かないで、さらに難癖をつける。そういうケースも、もちろんあるわけです。

この本を読まれている方の中には、試されたことがある方もいるかもしれませんが、お酒を飲んだ状態で、自分は何がどれぐらいできるかはよく考えておいた方がよいでしょう。

酔っぱらって殴り合いをすると、当然普段ほど体が動きませんし、取っ組みあってもうまく相手を制御できないし、感覚も鈍るので投げるのも大変です。そしてすぐに息が切れ、普段なんでもなくできていることがなかなかできなくなります。

私も何回か試したことがありますが、酔ったときに試合形式で体を動かすと全く思うようには動けず、それどころか吐きそうになり、とても人にはお勧めできません。

また逃げることを想定して、酒を飲んだ状態で100メートル走などを行い、どれぐらい走れるか試してみたこともありますが、これがまたうまくいきません。心臓が破裂しそうになるし、脚ももつれそうになるし、体の熱気がすごく、普段とは違う体でやっているのかと思うぐらい負担が大きくなります。これも大変危険ですので、絶対に真似はしないでください。

そこまでしなくても、いわゆる「適量飲んだな」と自分で感じる程度の際に、飲酒による体の変化、感覚の変化を把握し、お酒を飲んだとき、自分が逃げられる身体能力はどの程度まで下がるのか、身を守れる能力はどの程度なのか、感情の抑制やコントロールはどこまでできるのか、について意識することは大事です。

お酒を飲んだときに、著しく自分の身体能力が下がるということを知った上で、もしトラブルに巻き込まれ、逃げるしかないとき、周囲の状況を見て、自分のコンディションを計算すると、逃げられるタイミングが見えてきます。

相手も酔っているなら、こちらが普段訓練をしているという前提で、かつ酒を飲んだときの身体レベルも知っていれば、こちらのほうが圧倒的に逃げるのは有利です。酔った状態で相手を追いかけるのも、またかなり負担がかかるため、逃げ切れる確率も高まるので、冷静に逃げ道と現場の状況を把握することに努めながらチャンスを狙うのです。

事前に逃げられる場所をチェックしておく

酒場でばかりトラブルが起きると思いがちですが、もちろん酒場だけではありません。帰り道、人気のない細道で突然犯罪グループに巻き込まれる場合もあれば、繁華街で酔った人に因縁をつけられたりと、いつどこで何が起きるかわからないわけです。

ですから、素面のときに「こういうときはどうやって逃げるべきかな」と、心得として事前に想定しておく練習も非常に大事です。

また、これはよくあることなのですが、酒場でトラブルになり一度はお互い引いたものの、互いにその酒場から出ないで酒を飲み続け、したたか酔ったところで、店の外で再度やり合うというケースもあります。場合によっては、一度引いた後帰らないということで、相手側が仲間を呼んで、さらに大きなトラブルに発展するケースもあります。

ですので、詫びるにしろなんにしろ、一度トラブルの起きた場所には居続けない、これも絶対的な原則となります。

どうしてもまだ飲みたければ、その繁華街を離れて違う地区に行って仕切り直すなどの用心をすることも大事です。同じ繁華街にいれば、店を変えて飲んだとしても、帰るときに遭遇して再度トラブルということもありえるからです。

また、私は知らない町でも長い時間いることがわかっていたら、街の中にある護身的に有効な要素を探しつつ、トラブルが起きたらどうやって逃げるかということも想定して歩くようにしています。その際のポイントは、

・追跡を巻くための咄嗟に隠れることのできる場所
・助けを求められる場所
・防犯カメラが設置されている場所
・身を護るために使えるものがある場所
・人が多くて通報してもらえそうな場所

などで、把握しておくべき地の利は結構あるものです。

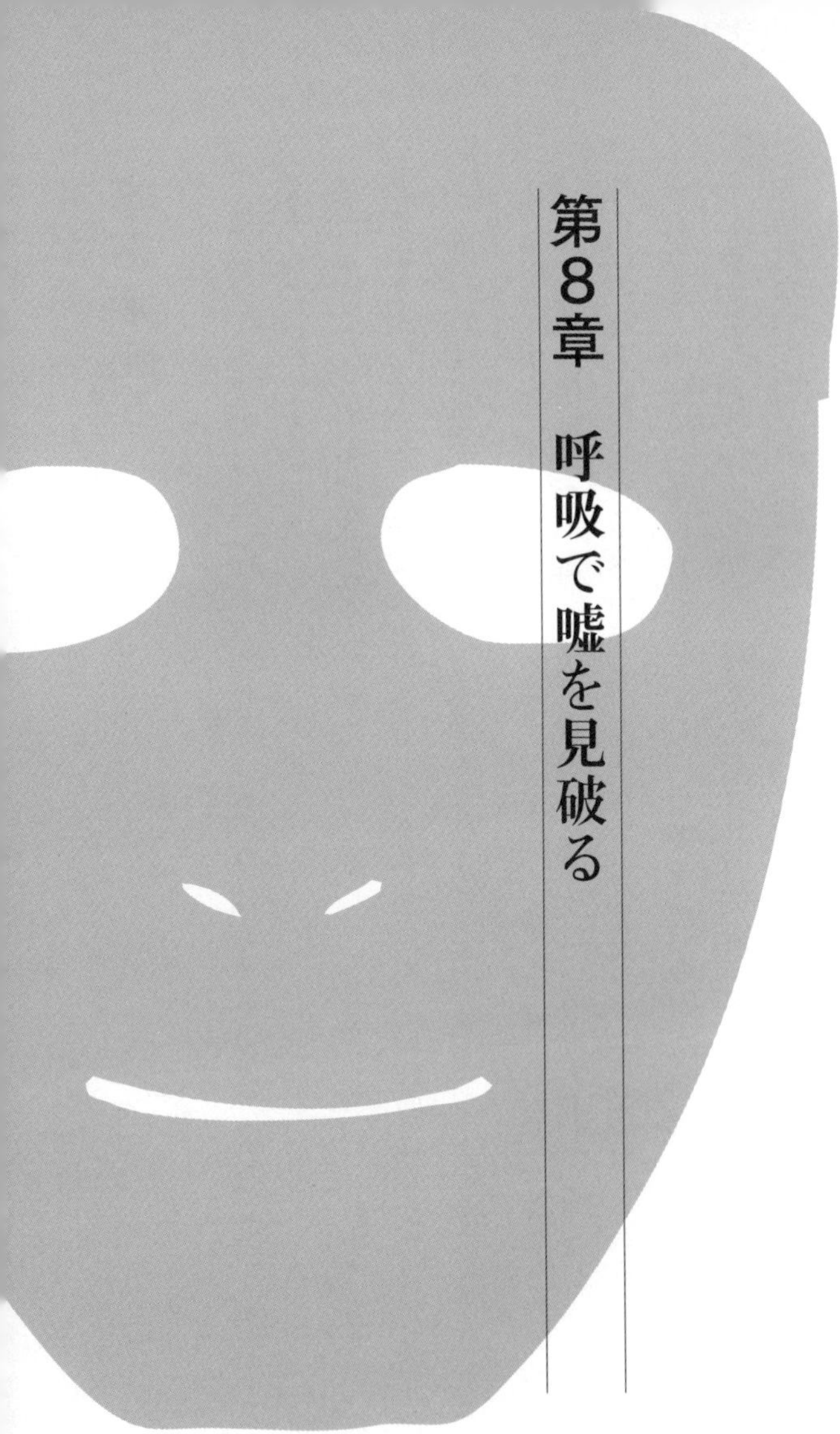

第8章　呼吸で嘘を見破る

嘘を見破る

これまで本書では普段から人を見る、観察・洞察することが間接護身を実行する上で大事であると書いてきました。

ただ、「具体的に何を観察すればいいのか難しくてわからない」という方もいらっしゃると思いますので、ここでは人を見る上で一番わかりやすい呼吸と、それに付随して使うテクニック、圧力や嘘の見破り方などを身近な例を出しながら述べていきたいと思います。

よく見る一般向けの心理学や人を誘導するテクニックを紹介した本では、人の反応とその理由、それを利用した誘導法などが書かれています。

こうした本では相手に質問して、目の動きや仕草などから心理状態を読むテクニックを中心に書かれています。しかし、実際にそうした技術を日常生活の中で活用するのはあまり簡単ではないでしょう。

私も以前はこの手の本を読んで試したりしました。幾つかについてはその有効性は認められたものの、やはり個人差もあり仕事で日常的に接する〝プロの嘘つき〟と相対する警察の現場では通用しないものが多いというのが実感です。

私の場合、実際の現場で様々な技術を総合的に試して、もっとも効果的なものを経験則からまとめ、その経験からある程度再現性のある嘘の見破り方を練り上げてきました。

実際に人の内面を読んだり、察知する技術には、幾つかの重要なポイントがありますが、個人差やランダム性が高く、なかなかうまくいくものではありません。

ただし、そうした数あるポイントの中でも呼吸だけに特化して見ていくと、他に比べて反応はわかりやすく、ある程度の共通項があることに気が付きました。

また呼吸であれば、間合いを取った、離れた状態からでも観察することが可能であり、相手が刃物などを持っていた際の殺意の有無や危険度なども、ある程度呼吸と連動する身体反応から予測をすることができます。

実際の現場では、ここから説得に応じる相手なのかどうかを瞬時に判断するというテクニックにも発展するのですが、こちらについてはまた改めてどこかで書いてみたいと思います。

嘘は呼吸に現れる

ではまず呼吸を観察する上で簡単な例、嘘に対しての呼吸ということから見ていきましょう。

一般に女性は、パートナーの浮気に気が付くなど、嘘を見破るのが得意な方が多いと言われていますが、これも実は相手の呼吸の変化などを見破る女性特有の洞察力があるからです。

何らかの嘘をついていて、その嘘について追及されると、どんなに嘘をつくことに慣れた人間でも多少の動揺が走ります。

この動揺は嘘をついた経験が多い人ほど表面に現れにくくなります。その点、子どもは実にわかりやすく、嘘を一生懸命ついていても「本当のことを言いなさい」と言うだけで、

- **呼吸に乱れが出る。**
- **息をのんだり呼吸のリズムが乱れる。**
- **下を向いたり、横を向いたり落ち着きがなくなる。**
- **目線を合わせられなくなる。**
- **言葉につまる。**
- **顔や耳の色が変わる。**

などの身体的反応がすぐに表面化します。

百戦錬磨の大人が相手となると当然変わってきますが、程度の差こそあれ呼吸の変化とい

うのは必ずあるものです。

誰が嘘をついている？　詐欺事件は魑魅魍魎

警察官と関わったことがある方、特に何かの事情聴取を受けた方だったらわかると思うのですが、同じことをしつこく何回も聞かれたことはないでしょうか？

あれはより細部に至るまで話を聞かねばならないという目的が大前提にあるのですが、それ以外にも自分が話を聞いている相手に容疑を掛けていいかどうか、つまりあなたが犯罪に加担しているかどうかや、疑惑の有無について確認しているのです。

私は詐欺事件をメインに担当する刑事でしたが、詐欺事件は被疑者だけでなく参考人も被害者も登場する全員が嘘をついている可能性がありました。

「自分は被害者だ！」と訴えてきた側が必ずしも被害者ではないケースが多いものに性犯罪も含まれます。援助交際の金銭交渉が成立せず強姦されたと訴えたり、社会的に抹殺するために、関係を持ったあとで「強姦された！」と訴えるのも典型的な例です。

そのため逮捕状を請求しても、必ずしも執行・逮捕するとは限りません。

被疑者を逮捕できる状態で同行し、被害者の供述に矛盾がないか、犯行の経緯について詳しく聞いた上で逮捕するかどうかを判断するわけです。

被害者の言いなりになって裏も取らずに逮捕した結果、冤罪を生む可能性もあるため、被害者の供述、証拠資料に少しでも違和感があれば、それが解消されるまで念入りに事情聴取を行うことは特別なことではありません。

特に私が所属した詐欺を多く扱う知能犯係は、告訴告発を非常に多く取り扱います。名誉棄損や有印私文書偽造などの人間の愛憎模様に深く関連した事件を取り扱うわけですが、こうしたケースでは、登場する人間がそれぞれに利害関係があるため、関係者はもちろん、本当の被害者すら自分に有利なことしか言わないこともあり、こちらが知っておくべき被害者自身の落ち度や問題についても隠してしまうことがあります。また証言の裏をとった結果、参考人と被害者が結託して真実を隠していたりすることもあり、気付かずに捜査を進めていたらとんでもないことになりかねないため慎重に行わないといけないのです。まさに魑魅魍魎の世界で、こうした部署で経験を積むなかで、常に誰に対しても嘘をついていないかを観る習慣がつき、それを基に裏付けをどこまで掘り下げてやるかの判断基準にしていました。

呼吸を〝観る〟

簡単に「嘘をつく」と言いますが、自分を疑っている人間を相手に嘘をつくというのは、大変な精神的負担が掛かるものです。相手に嘘を悟られないように、平静を装い、同じ態度、同じ言葉を同じ速さで、焦らず、ミスらずに正確に同じ内容のことを相手に違和感を感じさせずに言い通すというのは、なかなか大変なものです。

経験豊富な詐欺師などは、想像で作った話を、さも実際にあったことのように、何回聞いてもうまく話します。そこへ洞察からくる圧を加えて、睨《ね》めつけるように刺激を与えていくことによって、相手が百戦錬磨の詐欺師であってもどうしても隠しきれない僅かな動揺を表面化させるのです。

その一番簡単な方法が、同じことを形を少しずつ変えて何度も質問する方法です。一見動揺が表面化していないように見えても、３回ぐらい同じことを言わせると、普通は嘘のサイン、すなわち呼吸の乱れが見えてきます。

このとき見るべき呼吸のポイントは、

- 呼吸が乱れて言葉に詰まる。
- 会話の速度が速くなり、呼吸が乱れる。
- 会話の速度が遅くなる。
- 一定の言い訳をしたときに、深呼吸する。
- 声が大きくなったり小さくなったりする。
- 途中で自発的に呼吸を深くする。
- 会話の最中に口呼吸になったり鼻呼吸になったり、呼吸が安定しなくなる。
- 呼吸が乱れて、肩の動きが大きくなる。
- 饒舌になって、呼吸のリズムが増える。
- 必死で嘘を無事言い終えると、安心してひと呼吸する。

などです。いずれも基本的には先に挙げた子どもと変わらないのですが、反応は当然小さくなるので、その僅かな身体変化を見逃さないことが大事です。

一般の人であれば、こうしたポイントを手がかりに会話の中で何か相手に違和感を感じた際に、そこについて繰り返し聞いてみるのも手でしょう。

実は現役の刑事でも、あまりこうした着眼点で相手を細かく意識して見る人は多くないよ

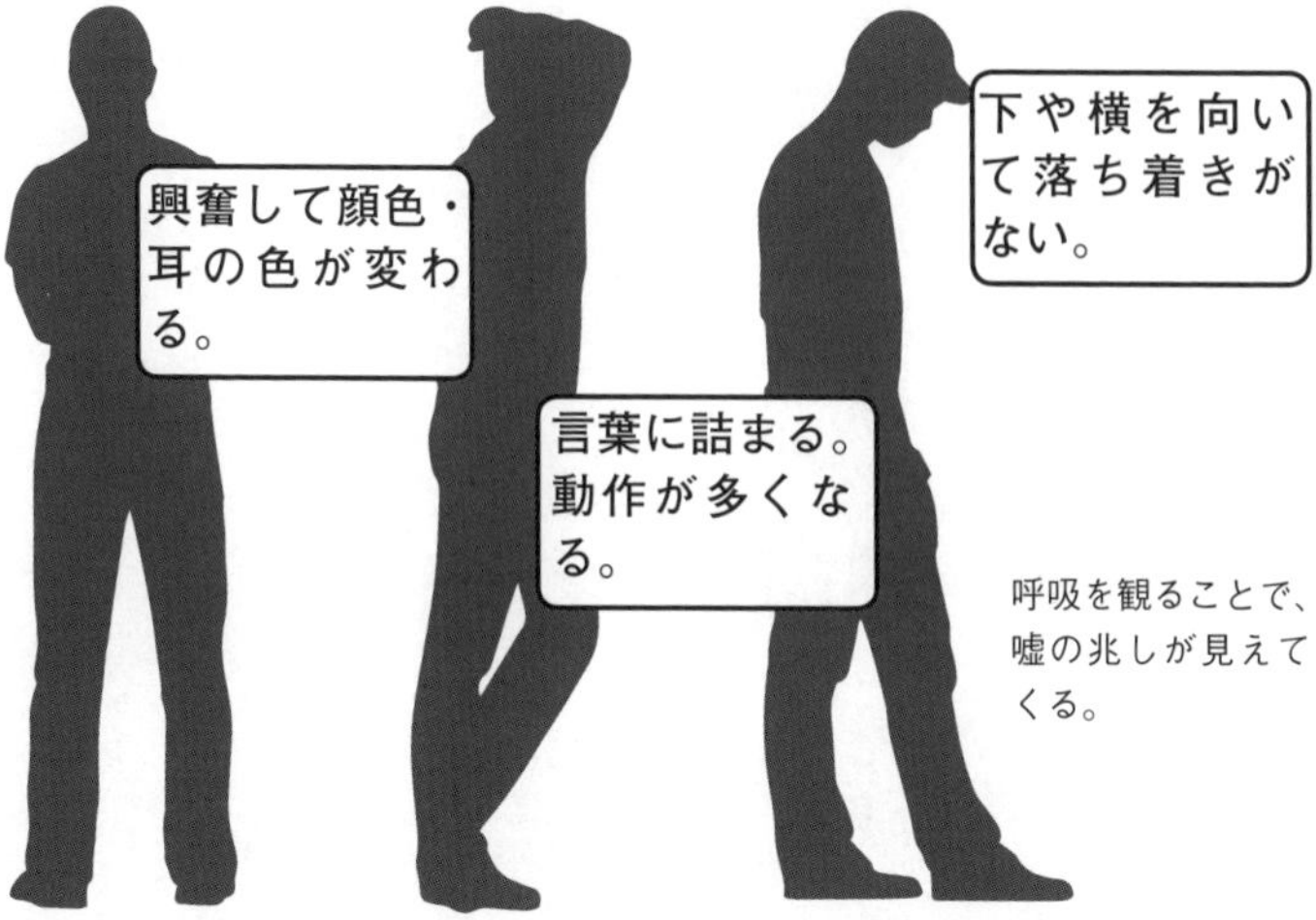
下や横を向いて落ち着きがない。
興奮して顔色・耳の色が変わる。
言葉に詰まる。動作が多くなる。

呼吸を観ることで、嘘の兆しが見えてくる。

うに感じました。私の場合はルールなしの組手を行う武術団体で稽古をしていたこともあり、呼吸についてはまさに体で学ぶことができたことが役に立ちました。

また、私に占いと心理学のイロハを教えてくれた先生の一人も、呼吸について大事なことをたくさん教えてくださいました。その際には「呼吸の変化で相手の感情が変わっていくものなので、それを見逃さずに観なさい。相手の感情の反応を読んで、言ってほしいこと、言われたくないことを読み取りながら信頼性を構築して、カウンセリング形式で鑑定していくことが大事」だと教わりました。

大事なことは、**相手を〝見る〟のではなく〝観る〟**ことです。

ここで言う〝見る〟は、誰もが普通に漠然と目に映る姿を〝見ていること〟を指します。一方の〝観る〟は、文字の通り〝観察〟を意味します。意思を持って相手を観ることを指し、観相学という占いのジャンルがありますが、そこで言われる〝観る〟と同じです。

相手を観察し、生きざまや性格、生活環境などを見極める技術です。私は占いの修行も受けたと書きましたが、観相学も習得させていただいたので、この〝観る〟という言葉を大変強く意識するようになり、普段から様々に〝観察〟するようにしています。

こうした様々な教えを、実際の取調べという現場で毎日のように繰り返すうちに、呼吸を軸にランダムな要素や、それぞれに個性的な相手でも対応できる独自の嘘を見破るテクニックに昇華させることができたのです。

〝圧〟を掛けて嘘を見破る

呼吸の変化を観るのとともに大事なのが、相手に圧力を掛けることです。ここでは誰でもできるものに限定してお話ししましょう。

ごく簡単な例を挙げると、嘘をついている相手が話している最中に「それは本当ですか」と突っ込むのも圧力です。

このときに嘘をつくのが巧い相手だと、動揺を表面化させずにさりげなくこちらの突っ込み（圧）を流します。しかし、どんなに上手に流せたようでも呼吸には多少の乱れが出るので、違うタイミングで何度も圧を与えていくと、リズムを狂わせることができるのです。

ペースを乱された相手は、突然怒ったり、黙ったり、話題を変えたりといった反応が出てきます。嘘をついている人は、一番の核心的な嘘を護るために、あの手この手でそれを隠そうとする反応を見せるのです。

例えば私は取調べで相手が嘘をついているとわかったら、機嫌の悪い顔をして「ふーん」「あっ、そう」と、意識的に素っ気ない返事をしていました。この返事もわざと間を置いたり、緩急をつけることで相手にプレッシャーを掛けます。

また少し高度になると、この短い返事の内容もポイントになってきます。普通に「本当かよ？」と言うと「相手を疑っている」という情報を与えてしまうことになります。ところが私がやっていたようなごく素っ気ない言い方をすると、相手は自分が疑われているかどうかさえわからず混乱するのです。常識的に考えれば取調べを受けているわけですから疑われているのは当然なのですが、相手は自分の話を聞いているのか不安になり、なんとか自分の言い分を信じさせるために、こちらが聞いてもいないことまで話し出したりします。

意外に思われるかもしれませんが、こちらの情報を与えないことが強い圧として働き、相手を動揺させて精神的に窮地に追い込み、リズムを乱すわけです。

この辺りの細かなやり取りは実際に経験を積むしかないのですが、自分の感情や狙いを含めた情報を相手に与えないことが、強い圧となって働くことを覚えておくとよいでしょう。慣れてくると、それを利用して圧を掛ける際の強弱や、緩急などの駆け引きができるようになります。

裏が取れる情報が出たときがチャンス

他に圧をかける方法としては、相手の供述に具体的なことが出たら「じゃあその人に今から確認しようか。明日とかだと口裏合わされるから今すぐね」というような、裏をすぐに取る圧も有効でした。嘘をついている場合は、動揺を隠せず、呼吸が乱れて、そこから先の供述も面白いように辻褄が合わないことを言い始めます。そうなってくると、例えその時点で罪を認めなくても、段々と嘘を突き通す気力が失われ、結局諦めて自供することもありました。これも普段の生活の中で上手くアレンジして使うことができるテクニックでしょう。

大事なことは相手が裏を取れる（確認できる）話をしたら、その都度そこで圧を掛けることです。例えば「昨日は残業で夜11時まで仕事をしていた」と供述したら、「じゃあタイムカードで裏取りましょうか」とか、「一緒に残業した人は誰？　その人からも話聞くから」「Ｓｕｉｃａをちょっと貸してくれますか？　利用履歴調べますから」などと突っ込んでいくと、面白いように供述や態度、呼吸に大きな乱れが出始めます。

ケースバイケースですが、疑わしい相手がなにか確認が取れそうなことを言ったら、「そうですか、では念のためにあとで知り合いの詳しい人に確認しますね」と言って反応を見ることもできるでしょう。

〝圧〟を掛けるには〝情報〟が大事

では改めて圧を掛けたときに、相手には何が起きているのでしょう。ごく簡単にですが次のようにまとめてみました。

①圧を掛けられ動揺することで呼吸が乱れる。

②呼吸が乱れることで、次に言おうと頭の中で準備していた嘘や、言い訳をいいタイミングで出せなくなる。

③自分が失敗したことに動揺して、ますます呼吸が乱れる。
④「なんとかしよう」と思っても、脳に回る酸素が減り考えがまとまらなくなる。
⑤嘘を突き通す集中力が失われ、諦めモードになる。

つまり、理詰めの圧力を何度もくり返し掛けることで、相手の呼吸を乱し、思考力を低下させ降参させるわけです。次第に相手の顔には焦りの色が濃くなり、そのうちに決定的なボロを出したり、最後は黙りを決め込むか、自供するかどちらかを選ぶしかなくなるのです。

また実際の刑事事件では、黙秘という手段で逃げきろうとするケースも多いため、ある程度相手の言っていることの何が嘘なのかがわかった時点で、裏付け捜査で嘘を客観的に証明して、予め逃げ道を潰していきます。

読者の皆さんがこういった技術を使う場面は、当然刑事事件ではありませんので、相手が黙りを決め込んだら、それは〝イコールクロ〟ということで、その先の方針を決められるのではないかと思います。

具体的に圧を掛ける上で大事なことは、裏を取れるようなことについて、より情報を持っておくことです。

先ほど述べたＳｕｉｃａの履歴を印字することができるということも、意外と知らない人がいます。自分の足取りを知られたくない人は消すことの多いカーナビの履歴も、タイミング次第では消し忘れていたり、逆に不自然なほど頻繁に消しているという事実から、何かやましいことをしていることが推測できるわけです。

情報が一番詰まっているのは携帯電話（スマートフォン）ですが、詐欺を行うような人間は、犯行用の携帯はしっかり足が付かないようにしていることが多く、現役時代は「あればラッキー」という感じでした。ですが、携帯電話以外の物でも色々なところに裏付けを取れるものがあります。

こうしたことを心得た上で、対人関係で相手の嘘を取るのであれば、まず裏付けの取れる物は何かを吟味していくといいでしょう。

また、一般の人であれば刑事とは異なり相手を徹底的に追い込む必要もありませんので、こうした圧を掛けたときの反応から、連絡を取らない、会わないなど相手との距離を取る指針にできれば十分でしょう。

そのためには、普段から物事を分析、推測する癖や、周囲に気を配るアンテナを張っておく必要があります。この辺りは嘘を見破るのとは関係なく、本書のテーマである間接護身に必要不可欠な要素と言えます。

また、大事なことは圧を掛ける方向性を間違えると、人を貶めることも簡単にできてしまうということです。そのため圧を掛けるにあたっては、どれだけ相手の腹の内を正確に読み取れるかが重要であり、一方的な思い込みによる勝手な推測で結論を出すと、もう後戻りができない結果を引き起こすリスクがあることを頭に入れておかなければなりません。

腹立たしい狂言強盗

もうひとつ、私が現役の警官時代に経験した嘘と圧力の例を出しておきましょう。これは比較的よくあったもので当事者を逮捕したケースです。

皆さんは狂言強盗というものをご存じでしょうか。よくあるのが、事務所や会社のお金を管理する人や、店の雇われ店長が、「強盗に遭った」と嘘をついて、売上金を盗んだりするものです。

このような事件が起きると、警察は当然、強盗事件として緊急配備を敷き、何かしらの結果が出るまでは刑事は動きっぱなしとなり、他に抱えている仕事が遅滞します。

それだけではなく、強盗事件ということで通報を受けるため、管轄署だけではなく警察本部の機動捜査隊などの執行隊なども検索や捜査活動に出るため、この嘘の通報によって起きる警察側の被害や費用はかなり大きなものになります。嘘のために膨大な数の警察官が無駄な時間を費やすことになるため、狂言とわかるとその徒労感は凄まじく、猛烈に腹が立つ事件です。
　大抵この手の事件の際は、自称被害者はもう何十回も嘘をつく練習を頭の中でしているた
め事情を聞いてもそれなりにすらすらと答えます。
　しかし、やはり素人がやっていることですので、どこかで自作自演には限界が出てきます。
例えば犯人の逃走ルートに問題があったり、犯人の足跡や最低限、警察犬が嗅ぎつけなけ
ればおかしい臭気、犯行における遺留品、犯行時に起こるべき破壊や散乱、毛髪や指紋など
の潜在資料が全くなかったり、潜在資料があっても位置や角度、飛散などにおいて矛盾して
いて細工の疑いがあったり、周辺にある防犯カメラに証言通りであれば映るはずの犯人が
映っていなかったりと、客観的に立証可能な矛盾がちらほらと出てくるわけです。
　被害者の供述以外に覆す材料がない痴漢のケースと異なり、強盗の場合は当事者の供述以
外に客観的な資料があります。狂言強盗の場合はこうした資料を基に矛盾を追及することで、
嘘をついていることを明らかにし「これは狂言だ」と見極めがついたところで、一気に供述
の矛盾に圧を掛けて畳みかけると、ほとんどの場合嘘を認めて〝落ち〟ます。

嘘をつく人間の特徴

嘘をつく、見破るということに関連して、嘘をつく人の特徴について少し書いておきましょう。

詐欺師は1割の嘘と9割の真実で人を騙しますが、嘘をつき慣れている人も同様に1割の嘘と9割の真実に近い言動で身を護ろうとしています。

日常生活にもその習慣が身についているので、些細なことにも嘘や偽りが混じります。

例を挙げると、

年齢、名前、住所、職業、肩書、経歴

などです。

日常生活を送る中で誰でも多少は隠したいことはあり、嘘が全て悪いわけではありません。ただ人間関係を続ける上で、相手の些細な嘘や矛盾に気が付いたら、軽くそこを突いて、どういう態度を取るかで、その人の感情のコントロールレベルも見えてきます。

核心に触れる部分を突くと、大抵の場合ふてくされたり逆切れ、さらに追加の言い訳を話し出しますが、こういう状況で行う言い訳はメッキが剥がれやすいものばかりなので、冷静に観察するといいでしょう。その反応で相手と距離を取るべきかどうかを判断することが間接護身に有効な目安、判断材料と言えるでしょう。

私自身、こういった危険を推測できる兆候や何らかの嘘で身を固めている人とは、なるべくプライベートでは関わらないようにする習慣がついています。また仕事でどうしても関わらなくてはいけない相手であれば最低限のみに徹しています。

この手のタイプは、自分の損得勘定だけで接して相手を利用しようと思って近づいてきたり、すぐに裏切ったり、不快なトラブルに巻き込んできたりすることが多いからです。

刑事時代も色々な人間と付き合ったり、取調べ等で関わることで、良い人間も悪い人間も沢山見てきましたが、台湾に来るとまた一味違った人間と接するので、これも勉強になりました。

実際、台湾にやってくる日本人にはかなりの曲者が多く私も苦労しています。

基本的に人を見て態度を変えるようなタイプとは、信頼して付き合うことは難しいと思うので、こういうタイプとは距離を置いたほうが得策かもしれません。

〝カッとした〟ときの呼吸

多くの場合、殺人事件を起こした犯人は「殺すつもりはなかった、ついカッとなってやってしまった」という供述をします。

「ついカッとなって」とはよくある表現ですが、当然これだけでは説明不足です。実際にこうした犯人から調書を取った経験からもう少し詳しく表現すると、

「怒りで感情が制御できなくなり、暴力的な衝動に駆られ、社会的責任ややったことの結果などを考える余裕すらなくなった状態に陥り、この原因となった相手を衝動的に攻撃した」

ということになります。

この状態から分析するに、突発的な事件の場合は事前に感情がエスカレートして殺人事件に発展するのを予見することも、可能であると思いませんか?

例えば相手を精神的肉体的に追い込んでいけば、相手の呼吸が変わります。怒りの限界に陥れば、呼吸は著しく乱れ、肩があがり、顔色も紅潮し、目が血走ったりします。さらには

前述した呼吸によって起きる身体的兆候が、誰の目にも明らかになっていくわけですが、圧力ではなくて怒りという感情によって引き起こされていきます。

この状態になれば、どんな鈍い人でも、相手が激高して、いつ感情が暴発するかわからないということに普通は気付くものです。気付かないのは自分が慣れのせいで鈍感になっているからです。

それほど親しくない相手であれば、普通はなかなかここまで追い込まないものですが、長い付き合いの中で知らず知らずのうちに相手に対して鈍感になり、自分がどこまで相手を追い込んでいるのかに気付かないこともあります。人間関係も様々で、金銭であったり、男女関係であったり、裏切られたり、パワハラが限界を超えたり……。しかし、相手の心理状態を全く考慮に入れず、自分の感情にまかせるがまま振る舞い相手の限界を超えた罵詈雑言を浴びせ続けて追い込んだらどうなるでしょうか。

相手はある時点で、怒りの限界を超え、理性を失い暴力という手段で訴えてきて報復するということが考えられるわけです。

当たり前のことですが、こうしたことを考えずに相手の逃げ道をなくすまで追い込んでしまう人もおり、それが悲劇を生むわけです。偶発的な交通事故などは別ですが、対人関係における多くの悲劇は、加害者側による一方的なものではなく、被害者を含む双方の感情の爆発から発生しているケースが非常に多いのです。

こう書いていくと、実際にことが起きる前に予見することも、未然に防ぐことも可能なことが多いことに気が付かれるのではないでしょうか。

大事なことは必要を超えて、相手の感情のタガが外れるまで追い詰めないことです、何か理由があって追及する必要があっても、必要以上には行わないことが重要です。特に注意が必要なのはお酒を飲んでいる際です。本来なら理性が止めてくれるような状況でも、思わぬ方向へエスカレートして大事件になるようなこともあります。もちろん、酒を飲んだら性格が変わる、特に攻撃的になる人間とは、酒席で一緒にならないようにするのが間接護身の秘訣です。

第9章　痴漢冤罪の現実

痴漢冤罪について

痴漢冤罪。本書をお読みの方にとって、一番身近な脅威はもしかするとこれかもしれません。これへの対処術については弁護士や元警察官など、色々な方がそれぞれに話されていますが、私個人の見解として、残念ながらケースバイケースの要素が多く、「これがベスト」という方法を提示するのは非常に難しいというのが本音です。

これからここで書くことは、私が知る現実をベースにしたもので、時折ネットなどで目にする弁護士サイドからの知見とは違っていることが多いものです。かなり絶望的なお話が多くなることを先にお断りしておきます。

まず知っておくべきことは、それが相手の勘違いでも「この人痴漢です！」と相手の女性に手を取られた時点で私人による現行犯逮捕が成立しています。そして法律上、警察は現行犯逮捕された人間を必ず引き受けて警察署へ連れて行くことが定められています。

一旦痴漢容疑で逮捕されれば、これまでも述べてきた通り、被害者の供述のみで話が進み、犯罪者扱いされるため勾留中は何もしようがありません。

「名刺を置いて立ち去る」という対処法についてもよく言われますが、私はこうしたケースを現場で扱ったことはないので、あくまでも経験ではなく推測という見地から言えば、やはり逮捕されるのは変わらないと思います。

本人は「連絡先を教えるので、逃げも隠れもしない」という意思表示だと思いますが、警察としては「勾留しないと逃げるであろう」と判断し、逮捕状を請求して通常逮捕に切り替えるという最悪の選択肢を取る可能性もあります。

弁護士の方が書かれたコラムで「逆に名誉棄損で訴える」ということを推奨するものがありましたが、これは実際に痴漢の現場を経験していない人のように思います。この方法でその場を逃れることができるのであれば、これまで痴漢冤罪など起きていません。

お互い殴り合った相被疑の傷害なら、どちらからも被害届を受理しますが、痴漢の被疑者になってる状況で「名誉棄損だ」と言っても、納得のいく裏付け証拠がないということで相手にしてくれず、情け容赦なく逮捕されて勾留されるだけです。

逮捕勾留中にその届け出をしたいと言っても、非常に厳しい状況になります。

一方的に犯人扱いされることへの牽制としての効果は多少あるかもしれませんが、望みはあまりないでしょう。

そうした不確定なことよりも、こうした際にやっておくべきなのは、第6章でも書いたように証拠の保全です。

音声の録音は極めて有効です。後で裁判になったときに、被害者の供述に矛盾があるかどうか確認したりするのにも使える可能性があるからです。

特に相手が嘘を言っている場合、現場の状況と、後で受理した事件状況と照らし合わせると、当然矛盾が出るからです。

このとき有効なのが前にも登場した「六何の原則」（いつ、どこで、誰が、何を、どのように、どうした）です。この教えに基づいて、現場の状況について、こと細かく誰が聞いてもある程度その状況が頭の中に浮かぶ程度の解説的な説明を加えればベストです。

あとは被害者の挙動についても自分で感じたことやどういうことを言っていたか、どこでどんな態度で何をしていたかなどを、説明的に録音しておき、裁判の際に弁護士に渡すといいでしょう。

間接護身において録音は必須であり極めて重要なので、いざというときは必ず携帯電話やスマートフォンなどで録画・録音しましょう。

さらには、どうしても相手の腹の内を証拠化したければ、弁護士をつけると同時並行で探偵を雇い、相手が共謀者と接触するのを探ったり冤罪である核心的な言動をつかみ、証拠保全する等の方法もあります。

また、「その場を立ち去らないが、駅員室にも行かずホームで弁護士を待つ」という方法もよく言われますが、これもあまり意味がないでしょう。

警察官が現着した時点で、既に現行犯逮捕した被疑者とみなされるので、警察に強引に連れていかれる結果が待っています。仮に警察官が到着する前に弁護士が到着しても、やはり連行される可能性が高いでしょう。

最近では保険会社から「痴漢冤罪保険」という商品が用意されています。こちらについては私自身実際に活用した事例を知らないのでコメントはできないのですが、痴漢の容疑をかけられたら弁護士費用をはじめお金が必要なのは確かです。また場合によっては自称被害者の企みを暴露するために、探偵を雇うという選択肢が出てくるかもしれませんし、いずれにしても痴漢冤罪によって勾留されたら、お金は必ず必要になるので、不安な方は保険に入ることを検討されてもよいでしょう。

絶望的な現実

ちなみに本来痴漢事件については、担当する係は生活安全課ですが、痴漢事件は被害者の主張以外に何も証拠がないケースがほとんどです。

また、痴漢事件は「やった、やらない」の供述証拠のみで、客観的な他の証拠がない場合も多く、被害者の言い分を真に受けた生活安全課の取調官に、朝から夕方まで怒鳴り散らされて、取調べを受けることになるケースが大半です。

否認ということで、自宅の捜索差し押さえをされる可能性もあり、そのときにもし自宅に成人向けのＤＶＤでもあれば、痴漢事件とは全くつながらなくても、そんな性癖があるという資料として捜査報告書に書かれ、そういう人間だという印象付けをされ、それが検察官、裁判官へと伝わってしまうわけです。


しかも留置場という完全に閉鎖された空間で、檻の中で周りは犯罪者ばかり。これは逮捕されたことのない真面目な人だと、それだけでも気が滅入るでしょう。

やっていないからその意思を貫き通すということも重要ですが、そのために犠牲にするものの大きさや手間が具体的に見えてくると大分心が折れてきます。

よく起訴期限が23日以内ということで、最大23日の期間拘留されるとの記事がありますが、現実はその限りではありません。保釈金が払えなかったり、23日が過ぎても勾留不要と認められなかった際には半年以上、しかも拘置所の空きがないからと警察署に勾留されたまま結審にまで至ったケースもあります。もし自分がそうなったらどうでしょうか？「23日以内だったら何とか我慢できる」と思っていたところで、それ以上に延びてしまう可能性があるわけです。

長くなれば、色々取り繕っていても、職場や取引先に痴漢の容疑で逮捕されているということは隠し通せなくなります。社会的に地位のある人であれば、場合によってはマスコミにも騒がれる可能性もあり、とても辛いことだと思います。

これは地獄ではないでしょうか。何も悪いことをしていないのに逮捕され、毎日のように「お前がやったんだろ！」と怒鳴られ、しかも房に帰ってくればこれまで接したことのないような、前科前歴のあるワルと顔を合わせなければいけないのです。

さらには取調官から「自供すれば、留置場からすぐに出られるぞ」と言われ、その一方で強面の取調官から朝からずっと延々怒鳴り散らされることもあり、頼みの綱の弁護士からは「分が悪いので、取りあえず認めてしまって外に出たほうがいいんじゃないですか」なんて言われたら、やっていないのに「やりました」と言うケースが当然出てくるわけです。

ここまで書いてくると「無罪であっても認めてしまう」ということが、冷たい言い方ながらも現実的であることがおわかりいただけると思います（念のためですが、これを勧めているわけではありません）。

こうしたこともあり、私は痴漢犯罪については現役当時から非常に慎重な考えを持っており、それは今も変わりません。また痴漢犯罪で捕まっている人間の多くが女性を傷つける卑劣な犯人であることも事実としてあります。ただ、本書の主旨である間接護身の立場から考えた場合、誤認による痴漢冤罪は無論、人をカモにしか見ていない痴漢冤罪を仕掛ける輩もまた存在することを忘れてはいけないのです。

間接護身的、痴漢冤罪回避法

では、間接護身的観点から痴漢冤罪を防ぐ方法はあるでしょうか。

結論から言ってしまえば、あります。

最も簡単な方法は「混雑した電車に乗らない」ということです。

「仕事で乗らなければいけない」という声が聞こえてきそうですが、大抵の場合1時間、あるいは2時間早く家を出ればラッシュの時間帯を避けることができるでしょう。これが最も確実な痴漢冤罪から身を護る方法です。

もうひとつ、これは馬鹿馬鹿しいと思われるかもしれませんが、身なりを強面にする方法です。痴漢冤罪を仕掛けてくる人間は、気の弱そうな人をターゲットに選んできます。ですので「この相手は避けよう」と思わせる風貌をすることで、そうした標的にされることを防ぐわけです。

結局のところ、犯罪に巻き込まれないことが護身の基本であることを考えると、この二つが現実的で有効な方法と言えるでしょう。その他の巷で言われる方法「両手を見えるようにしておく」「女性の近くに立たない」「紛らわしい場所に手を置かない」などはどれも確実性が低く、あるいは冤罪事件に巻き込まれ、最終的に裁判で疑惑を晴らすためには多少役に立つ（それでも証言者に恵まれるなどの幸運が必要でしょう）ことはあるかもしれませんが、基本的に冤罪事件に巻き込まれただけで多大なものを失う現実を考えれば、あまり実用的とは言えません。

本当に痴漢冤罪のリスクを避けるのであれば、先の二つの方法が極めて現実的な対処法であることがおわかりになるでしょう。

少し余談になりますが、電車内で大声で電話していた女性を注意したら、腹いせに痴漢冤罪で訴えられたというケースもありました。マナー違反の女性がいても、注意するときはそれなりの覚悟や証拠保全が必要になるのかもしれません。

コラム #03

フィジカルの重要性

もし本気で直接護身を考えるのであれば、「時間がないので基礎的なトレーニングができない」というのはやはり言い訳で、忙しい刑事でも残業の前に少しは体を鍛えたりすることができるチャンスがあります。

私の場合、現役時代は少しの空き時間を利用して、20分程度で終わるサーキットトレーニングをよく行っていました。

程度は人それぞれでしょうが、工夫次第で短時間で護身に必要な体力を作ることが可能なのです。「時間がないという言い訳は実は単にやる気がないだけ」というのは、武術を長くやってきた私の考えで、少し厳しい意見かもしれませんが、これは自分自身に言い聞かせています。

もちろん、身体能力は当然個人差があるので、初心者はケトルベルの軽いものを使ったスイングなどで、無理のない程度で5分ほどやるといいと思っています。

私はスイングも、サーキットトレーニングの後にさらに追加の別サーキットとして行っていますが、スイング系の動きは、個々の筋肉ではなく全身の動きを鍛え、動ける体にするための鍛錬として非常に役立つことを実感しています。

もちろん武術の錬功も行っていますが、こういった長時間戦い続けるスタミナを養う訓練もとても大事にしているのです。

実際に人と対峙して戦うと、かなり体力を消耗します。所謂「先手必勝」で相手を一方的にたたき伏せてしまうのは、法律的な事情から難しいことは既におわかりかと思います。また仮に相手が攻撃してきてもこちらは過剰に反撃せず、相手を押さえ付ける、または警察が来るまで相手に怪我をさせず自分も怪我せず、にやり過ごすためには、やはり相手を圧倒する体力と身体能力が必要だということを忘れてはならないのです。

第10章　ストーカーへの対処法

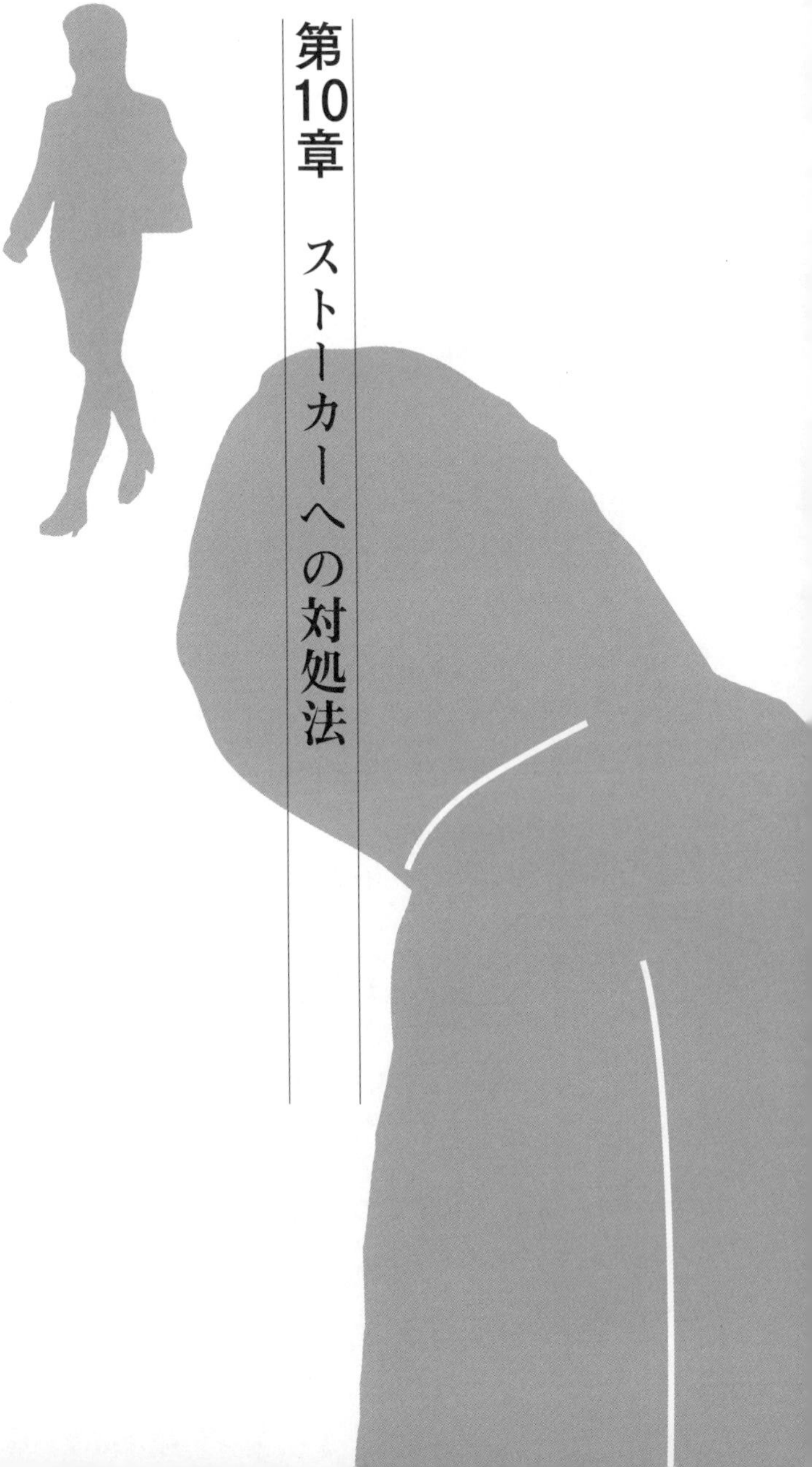

ストーカー規制法を知る

ここではいわゆるストーカー犯罪をテーマに、その対処法と警察への届け方を中心に書いていきます。

ストーカーに関する法律は「ストーカー規制法」というものがあります。恋愛感情、好意の感情、その感情が満たされなかったことによる怨恨の感情を充足させるために次のような定義行為を行うとされています。

一　つきまとい、待ち伏せし、進路に立ちふさがり、住居、勤務先、学校その他その通常所在する場所（以下「住居等」という。）の付近において見張りをし、住居等に押し掛け、又は住居等の付近をみだりにうろつくこと。

二　その行動を監視していると思わせるような事項を告げ、又はその知り得る状態に置くこと。

三　面会、交際その他の義務のないことを行うことを要求すること。

四　著しく粗野又は乱暴な言動をすること。

五　電話をかけて何も告げず、又は拒まれたにもかかわらず、連続して、電話をかけ、ファクシミリ装置を用いて送信し、若しくは電子メールの送信等をすること。

六　汚物、動物の死体その他の著しく不快又は嫌悪の情を催させるような物を送付し、又はその知り得る状態に置くこと。

七　その名誉を害する事項を告げ、又はその知り得る状態に置くこと。

八　その性的羞恥心を害する事項を告げ若しくはその知り得る状態に置き、その性的羞恥心を害する文書、図画、電磁的記録（電子的方式、磁気的方式その他人の知覚によっては認識することができない方式で作られる記録であって、電子計算機による情報処理の用に供されるものをいう。以下この号において同じ。）に係る記録媒体その他の物を送付し若しくはその知り得る状態に置き、又はその性的羞恥心を害する電磁的記録その他の記録を送信し若しくはその知り得る状態に置くこと。

ストーカーの法令は時代に合わせて進化して、例えば五に登場する「電子メール」は後から追加されたものです。また罰則も当初は「一年以下」という軽微なものでしたが、現在（2019年2月現在）では「二年以下の刑」を求めることができるようになっています。

これらの定められた行為を繰り返すことで「ストーカー行為」となり、悪質であるということで警察が取り締まりを開始するわけです。

ストーカー気質の人間とは

基本的にストーカーの大半は男性です。ストーカー犯罪で私が実際に扱った犯人の特徴は、社交性に乏しく人と話すのが苦手で、広く浅く付き合えないタイプの人が多いです。ただ、逆に自分のことを客観的に見られないタイプの中にも社交的な人間もいます。ですから「ストーカー＝社交性がない引きこもりタイプ」と断定的に考えてしまうのも危険です。

また、虚言癖、妄想癖、早口、人間関係に配慮しない、湿度気候の変化で言動が変わる、などが挙げられます。昔から「春になるとおかしな人が多くなる」と言いますが、これは気候の変化で起こる自分の体への不快感を我慢できないという気性から言動がおかしくなるのでしょう。

そして、ストーカーの特性として執念深いことが挙げられます。

それは常識的なレベルとは全く違い、自分がやられたことは絶対に忘れず、それに対してどう報復するかを考えるタイプです。

また、嫉妬深く自分が好意を持っている女性に対して気軽に話している人間を一方的に憎み、排除しようと試みる者もいます。こういうタイプは物事に固執しやすく一人に対象を決めるとしつこく執着します。

付け加えれば責任感がないということも言えるでしょう。これは犯罪者全般に言えることですが、犯罪を起こす人間は社会的責任感がない、あるいは希薄なタイプが多いです。ただこれもケースバイケースで、社会的責任感が高いはずの公務員や地位の高い者にもストーカーやＤＶで逮捕される人間はいるので、やはり決めつけは危険です。

人の話を聞かないというのも当てはまります。取調べで「相手はあなたのことが嫌いで会いたくないと言っていますよ」といくら言っても、「それはお前が勝手にそう言っているだけだ」と信じません。こちらがどれだけ根拠を見せて説明しても信じず、言葉は通じるけれど話が通じないという感じです。

ストーカーは顔見知り？

ストーカーの犯人は圧倒的に面識犯が多いです。会社の同僚、クラスメート、近所の人、以前どこかで知り合った人などです。男女交際から発展するケースが一番多く、ＤＶなどで縁を切った後で元夫がストーカーになるケースも多いです。

また、被害者側には覚えがない相手が被疑者のケースもあります。相手に対する情報がなく何をしてくるのかがわからない上に、一方的に自分のことを知られているというのは被害者にとってかなりのプレッシャーになります。こうしたケースを調べていくと営業先で軽く挨拶をする程度の関係だったり、時々行くお店の店員だったりと被害者にとっては全く印象に残っていない人が犯人というケースが少なくありません。

警察に相談する際のポイント

読者の方の中には、テレビやネットなどで「ストーカーの相談を何度も警察にしているにもかかわらず、被害を止められなかった」というニュースを見たことがある人も多いでしょう。

実際にストーカー被害を交番で相談したところ、「では自宅周辺のパトロールを強化して、定期的に様子を見に行きますよ」と言われ、そのまま何もしてもらえなかったというケースは少なからずあります。基本的に交番のお巡りさんは交番勤務が忙しく、「相談を受けました」という書類を作り記録には残しますが、それ以上のことを彼らに望むのは難しいと考えた方が良いでしょう。報道にある「被害者は何度も警察に相談していた」というなかには、こうした状態を繰り返していたものもあると思われます。

もちろんこれは警察側の事情であり「おかしい！」と思うのは当然ですし、変えるべきだとは思いますが、残念ながらすぐに変えることは難しいでしょう。

ではどうすれば良いのでしょう？　一番お勧めなのはまず自分の地域の管轄の警察署に電話をして、自分がストーカー被害に遭っていることを告げた上で、ストーカーの担当部所である**「生活安全課」を指名して「直接担当者に会って相談がしたい」と告げること**です。警察官の能力の差もありますので、これで必ず解決に向かうということは断言できませんが、少なくとも他の方法よりも確実に警察を動かすことができます。

生活安全課は女性の担当者をできるだけ置くように配慮されているため、女性にとっても話しやすく、話も聞き慣れているので精神的にも楽だと思います。またストーカーを専門的に扱っている担当者に話をすることで、うまく事件化してくれることも大きいです。慣れていない他課の警察官が担当すると、ストーカー犯罪なのか単なる痴情のもつれなのかの判断がつかず、事件化することに躊躇することがあるからです。

ちなみにアポイントを取る際には日中を指定した方が良いでしょう。警察というと24時間体制で仕事をしていると思いがちですが、夜間は当直と呼ばれる少人数の体制になりますので、折角アポイントを取っても他の部署の人間が担当者として現れる可能性があるからです。

私がストーカー関連に詳しいのは、どこの部署も慢性的に人手不足であり、刑事もストーカー事件を扱わざるをえなかったからです。また、刑事であればストーカー規制法の定義に依らず、柔軟に法の執行という観点でとらえ、仮に被疑者が建造物侵入、住居侵入をした際に緊急逮捕ができます。

一度緊急逮捕した後であれば、何か嫌がらせ行為があれば警察は動きます。ストーカーで警察は何もしないと言われることもありますが、こうしたことを知っていれば、身を護る幅が広がるでしょう。

事前にすべき用意

もうひとつ大事なのは、警察に相談に行く前に「自分が警察に何をしてほしいのか」を明確にしておくことです。相談して助言をもらいたいのか、それとも事件として扱ってほしいのかをしっかり決めた上で話すことにより明確に自分の意図が伝わります。

また可能であれば現在の状況を、

- **事件概要（六何の原則「いつ、どこで、誰が、何を、どのように、どうした」を書く）**
- **被害者**
- **被疑者**
- **証拠資料（相手が送りつけてきたもの、電話の会話や付きまといを証明する録画など）**

といった要素にまとめて行くと良いでしょう。これは刑事が実際に使っている事件の要素をまとめるチャートと同じなので、スムーズに話が進む可能性が高いわけです。

「そこまでしなくても」という声もありそうですが、こうした資料を家族や知人と一緒にまとめることで、本人だけがわかっていること、苦しんでいることが可視化され、警察への説明はもちろん関係者も事件の概要を整理できます。可能であれば家族や知人の助けを借りて作ることをお勧めします。もちろん証拠保全について書いた第6章でも紹介した「六何の原則」も有効です。

ストーカー規制法の利点

ストーカー規制法の良いところは警察本部長の支援を受けられ、相手が市役所に住民基本台帳などを調べに行くのを止めることが可能になることです。また、相手との話し合いをする際には警察署内を提供してくれたり、民間の被害対策団体やＮＰＯの紹介などもしてくれます。そしてなによりも大事なのは事件化することにより、警察から被疑者に対して**「これ以上、ストーカー行為を行うな」と警告してくれる**ことです。

事件報道ではこうした警告を無視して事件になったケースが多く流されていますが、実際のところ警察から「近づくな」と警告を出すことで、相手が警察に通報したのだということが明確にストーカーへ伝わり収まることが多いのです。

これにも構わずストーカーが近づいた場合は逮捕され、初犯の場合はほぼ執行猶予がつきますが２年以下の懲役となります。被疑者はカウンセリングを受けることが勧められます。ストーカー関連のフォーラムの資料を見ると、このカウンセリングには一定の効果があり、相手への報復の意思や執着などが薄れて再発防止につながっているとされています。ただ受診率は２割程度（２０１７年）にとどまっているため、この点が課題と言えるでしょう。

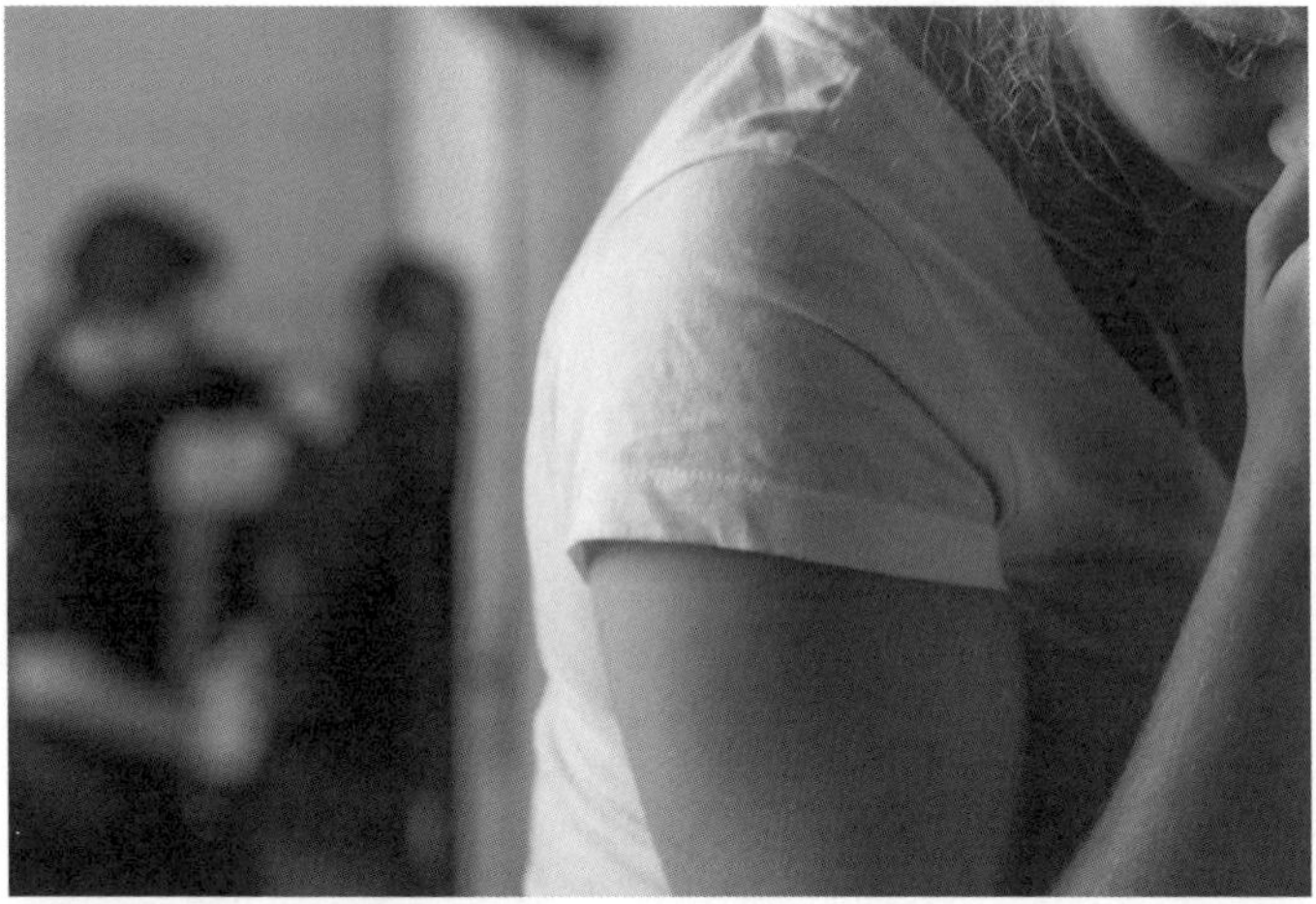

警察に相談することで解決するケースも多くある。

警察は巨大組織ですし、そこで働いている人も様々です。一般企業と同じくやる気のある人もいればない人間もいます。そういう意味ではたまたま対応に出た一人だけで「警察は何もしてくれない」と思わず、頑張ってうまく利用する方法を探してください。

もちろん警察は万能ではありませんが、現実的に日本国内で捜査権や逮捕権を持つ巨大組織です。ですから自分に落ち度のない限りは、これに動いてもらうことのメリットは非常に大きなものです。その際に大事なことは、実務的に警察が動かざるを得ない要素を知り、用意することであり、それが間接護身にとって重要な要素・智慧なのです。

相手の行動パターン、犯罪傾向の特定

単なる少ししつこい人とストーカーの境目を厳密にどこと線を引くことはできません。ですが、定期的に「好きです」というメールを送ってくるのと、家に帰った途端に無言電話をかけてくるのでは当然危険度指数が違います。後者であれば即なんらかの対応をすべきでしょう。

私が現役時代はなんであれ、まず被疑者の前科を確認して犯罪慣れした相手なのかどうかを調べました。危険なのはやはり前科がある人間で、「捕まることも想定済み」というある種の慣れもあるため始末が悪いのです。刺青も目安になります。今はファッションタトゥーを入れている人が多くなっていますが、やはり入れることである程度の職業的な制限があることは現実にあり、それを承知で入れるというのは、そうしたことに頓着しないタイプということがわかるからです。もちろんこれもケースバイケースで、あくまでも日本人をベースにしたお話です。私の住む台湾や海外では、有名な企業の社員でも大きな刺青を入れている人はたくさんいます。

ストーカーに対して自分でできること

警察を動かしつつも警察だけをあてにしないことも重要です。当然ですが、彼らが24時間護衛してくれるわけではありません。もし被疑者がわかっていて、まだそれほど危険を感じておらず、相手が話し合いに応じるタイプであれば、早い段階で弁護士や友人などに同行を頼んだ上で、話し合いで解決することもあるでしょう。

ただ、危険度が高いと感じたのであれば、直接交渉することは避けるべきです。

そして相手から手紙や贈り物などの証拠になるものがある場合は、自分の指紋がつかないようにビニール袋に入れて保存し警察に届けることも可能です。現在の技術では紙からも指紋を取ることは可能ですし、警察以外にも指紋を採取してくれるところもあります。仮に警察で「必要ないです」と言われても、民事で必要になるケースもあります。ストーカー事件は刑事だけではなく民事になるケースも少なくありません。ストーカーに悩まされたあげく転職や引越しをすることになった場合は、被疑者に対して民事の裁判を起こすこともあります。そこまで考えた上で対策や証拠の保全を行うと良いでしょう。

自宅については侵入できない家はありませんが、侵入しづらくすることは可能です。

マンションの低層階のベランダの場合は台風などで落下しないような障害物を置いたり、

侵入の恐れがある窓ガラスに防犯フィルムを貼っても良いでしょう。

監視カメラを設置するのも効果的ですが、住んでいるところが一戸建てなのか、アパートなのか分譲マンションなのかで条件が変わってきます。持ち家であれば自由ですが、借家やアパートであれば大家さんに相談する必要があります。特に分譲マンションの場合は室内は自分の所有区分ですが、廊下は共有部分になるのでマンションの管理組合に相談する必要があります。時間や手間のかかることですが、危険を感じているのであれば周知の意味を含めて相談した方が良いでしょう。不法侵入の映像が撮れれば逮捕にむすびつくこともあります。

ストーカー犯罪における最悪の結末は強姦や殺人です。これに対する備えとして有効なのは催涙スプレーです。外出の際に持ち歩くと「凶器の隠匿携帯」と見なされて軽犯罪法に触れると判断されることもありますが、自宅内に置くのであれば問題ありません。いつでも取り出せるように玄関やリビング、寝室など数カ所に置いても良いでしょう。私も台湾の自宅には置いてあり、玄関で応対するときにはいつでも使えるようにしています。

また催涙スプレーも種類が様々あります。なかにはすぐに中身がなくなってしまうものもあるので、ある程度容量の大きい対複数用のものがお勧めです。射程距離も5～6メートル以上届くタイプのものを選ぶと良いでしょう。ただし取り扱いには十分な注意が必要です。可能であれば実際に使ってみるのがよいのですが、間違えると迷惑行為として騒動になることも考えられますので、ヘアスプレーなどで瞬時に出す練習などをして、いざというときに備えても良いでしょう。

外出時にあとをつけられているなどの身の危険を感じる際には、自分の家の周りにいざというときに駆けこめるコンビニや夜遅くまで営業しているお店などの「エスケープポイント」を把握しておきましょう。

その他にも、

- 走りやすい靴を履く。
- 手に携帯・スマートフォンを持ち警察への通報がすぐできるようにする。
- 自分の通勤ルート上にあるランドマークや住所は最低限覚えておく。
- 夜遅くはできるだけ一人で出歩かない。
- 夜間でも人がいる場所を把握する。
- 信頼できる友人知人がいれば、常に連絡できる状態にする。
- 背後は定期的に確認する。
- 人気のない場所に近づかない。

など、逃走と通報を速やかにするためにやれることはたくさんあります。

格闘技を習うこともいいでしょう。実際に使える使えないということだけではなく、そうしたものを習うことでストレスを減らすことになるからです。また、そうした教室の先生や生徒の中には実際にストーカー被害の体験を持っている方がいる可能性もあり、相談相手や情報の共有ができる面もあります。大事なことは警察や家族・友人などの外部に対しても助けを求め続けることと言えます。

引越しや転職も考慮する

引越しや転職をするか？　これが一番難しいところで、それまでの生活が大きく変わってしまう決断であるためなかなか容易にできることではありません。ただ、仮に犯人が逮捕されたとしても、必ずいずれは出てきます。そのときに報復される可能性もゼロではなく、報復でなくても、再びストーカー行為を働いてくる可能性もあります。

先にも書いたように、最近はカウンセリングによりストーカーの再犯傾向を下げることに成功している事例もあり、必ずしもストーカーが他の犯罪に比べて突出して再犯率が高いわけではありません。しかし、犯罪はケースバイケースであり、絶対に二度と犯行を起こさないようにすることは誰も保証はできないことを考えると、万が一に備えて転職、引越しもする覚悟は持っておくべきでしょう。

引越した先まで特定するストーカーも存在します。ですから、もし引っ越すという選択肢を選ぶのであれば、信頼できる人間の側に引越しをする、いわゆる備えを固めることが極めて重要となります。

その他にも、一人暮らしをしている女性だったら一旦親元に帰る、同居人と住むなどの形での引越しでないと、無意味になってしまう可能性もありますので、被害者の家族関係や金銭状況などを考慮の上実行する必要があります。

ただし、これらの状況で備えても悲劇が起きたケースもあるので、完璧ではないことも肝に銘じなくてはならないのです。

また、引越し業者によっては「夜逃げコース」というものがあり、直接目的地に向かわず、一度配送センターを経由することでストーカーを撒《ま》くことも可能なので、色々調べてみても良いでしょう。

ストーカーに限らず、犯罪は相手の行動によって状況が流動的に変わることもあり、確実な方法というのはなく、想定できるリスクを最大限考慮して行動することが大事です。その結果、被害を最小限に防ぐことができればそれが正解だと思います。引越しや転職というリスクを背負わず、かつ犯人が諦めてくれるのが理想ですが、こればかりはわからないというのが実情です。

その他にも、弁護士に介入してもらうという方法もあります。どうしても警察が何もしてくれないと感じた場合、刑事事件に強い弁護士事務所に相談することがひとつの突破口になることもあります。あらゆる可能性を考慮して、決断・行動に移すことが大事であり、実際に弁護士が警察を動かす切っ掛けになることもあるのです。

第11章　事例　あなたならどうする？

護身に正解はない

本章では、実際に起こった実例を参考に私が作った想定問題を用意しました。

皆さんにはここまでの内容を踏まえて、具体的にどうすれば良いのかを考えていただければと思います。もちろん答えはひとつではありません。〝この方法はマイナスだろう〟と思っているようなことでも、当事者の状況によっては、結果的に最善であったりすることもあり、その意味では正解はないとも言えます。

ですので、私もポイントを提示していきますが、これが絶対的な正解ではなく、皆さんと一緒に考えていきたいと思っています。大事なことは、自分で考え、納得のいく答えを出すことです。そうしたマインドを作り上げていくことで、これから先も皆さんのなかで間接護身の思考が発展していけばと考えています。

では事例を挙げていきましょう。

事例1　拳銃を使わない警察官

商店街を妻と歩いていたら、怒鳴り声が聞こえる。〝なんだろう?〟と思い見に行くと、刃物を持った男と警察官が対峙している場面に遭遇！　〝どうなるのか？〟と見ていると、警察官は刃物で突かれたり攻撃を受けて腕から出血しているが、なぜか拳銃を出す素振りはない。

見かねたあなたは「拳銃持ってるだろ？　どうして撃たないんだよ！」と警察官に声を掛ける。しかし、それでも警察官は銃を取り出そうとはせず「危ないから離れて！」とあなたに言いながら、あくまでも警棒と言葉だけで対処しようと包丁男とにらみ合いになっている。

あなたの眼には警察官は適切に対応できておらず危険に見える。また応援の警察官も登場する気配がない。おまけに周囲はスマホで撮影する野次馬で人だかりまでできている。この事例についてあなたはどうすべきでしょう。

拳銃を使うリスク

ここで重要なのは〝なぜ警察官が拳銃を撃たないのか〟ということです。ほとんどの人は引き金を引けば弾が飛ぶことはご存じですが、その弾がどこへ飛ぶかについて、しっかり意識を持っていないようです。そして警察官にとっては、この銃弾がどこへ飛んで行くかがとても重要なことなのです。

射撃の腕前にもよりますが、一般に拳銃の撃鉄を起こさないで撃った場合、5メートルも離れていたら細かい目標に正確に命中させるのはかなり難しいです。また撃鉄を起こしてからの射撃でも、動いている相手の腕や足などの特定の部位を狙って撃つのは、相当拳銃の扱いに慣れていても至難の技といえます。

つまり、警察官の使う銃は、ドラマや映画のように簡単に当たるものではないのです。

拳銃を正確に狙った位置に向けて命中させるためには、まず呼吸が乱れず、かつ体が震えず安定し、引き金を引く指を力むことなく正確にまっすぐに引き、引いた影響で拳銃の発射口の角度が極力変わらないようにすることが求められます。簡単なようでいて、これは大変難しいことなのです。ただ訓練では呼吸を整え、じっくりと狙いを定めて、数秒の時間をかけて撃てますので、慣れればある程度正確に当てられるようになります。

しかし、このケースのように危機が迫った極度の緊張状態・闘争の最中では、いくら訓練を積んでも呼吸は乱れ精神的にも安定しない状態です。呼吸が乱れれば照準を即座に正確に合わせるのが難しくなりますし、緊張すれば撃鉄を一切ぶらさずに引くことも難しくなるのです。

そんな状態で野次馬に囲まれていて射撃ができるでしょうか。そう考えれば、できるだけ拳銃は使わない、使えないのもおわかりになるでしょう。

私自身は、現役時代に実際に人を撃ったことはありません。しかし訓練で難易度を高めた射撃経験から振り返って思えば、実際の緊迫した状態で、動いている的の特定の部位に命中させるのはかなり厳しいと思います。

厄介な野次馬の存在

また仮に弾が相手に当たったとしても、貫通して壁などに当たり跳弾する可能性があり、その弾丸が野次馬に当たったらどうなるでしょう。当然、その警察官は責任を取らされてクビ（懲戒免職）となる可能性はもちろん、社会的にも大きな騒ぎになるし、何らかの責任を取らされることは免れないでしょう。そのため拳銃射撃に自信があっても、野次馬が周りにいる状況では警察官は拳銃は撃てません。

言い方を変えれば、野次馬がいるために、適切な対応が取れず警察官が危険な目に遭ったり、殺される可能性もあるわけです。

また拳銃は2～3メートル程度の至近距離であれば命中率は高くなりますが、既に至近距離に刃物を持った相手がいるような状況では、弾丸が当たったと同時に相手に攻撃される、または撃つのが間に合わないうちに攻撃される可能性があり非常に難しい距離と言えます。

足などを拳銃で撃って相手の動きが止まるかといえば、そうとは限りません。実際に数発弾が命中しても、そのまま襲い掛かってくる事例はいくらでもあります。つまり撃てる状況は多くの人が思うより少なく、また手心を加えている余裕もなく、仮に撃って命中したからといって、それでは終わらないことがあるのが現実です。

時折ニュースで、犯人の足などを射撃しないで、すぐに射殺した警察官の対応を非難するキャスターがいますが、あまりに現実を知らない話と言わざるを得ません。犯人の中には一般人を装って深夜勤務で疲労した警察官に接近し不意を襲ってくる者もいるわけです。

あなたがすべきこと

こうした場面に直面した場合は、警察官のそうした苦しい状況を知らずに、ヤジを飛ばしている場合ではありません。あなたがすべきことは、野次馬と警察官の距離を離すことに協力することです。ただ実際にはこれは難しいでしょう。ほとんどの野次馬は無責任にこの状況を楽しんでいるところであり、警察官が言っても聞かないことを一般人のあなたが言って聞かせるのはかなり難度が高いと思われます。

ではは次善の策として何ができるでしょう？　まずは応援の警察官が来ない点について、もしかするとまだ警察署が把握していない可能性もあることを考え、念のために110番通報をすることがひとつです。その際には、警察官が刃物を持った男と1対1で対峙していて危険な状況であること、場所などを説明して、大至急応援が来るように伝えましょう。

その後は邪魔にならないよう、また奥さんに危害が及ばないように、その場を離れます。

正義感の強い方のなかには、警察官の手伝いをしようとする人もいるかもしれません。これも状況によっては正解となることもあります。以前、宅急便の配達員の方が警察官を助けた動画が話題になりました。私もこの動画を観ましたが、このケースでは犯人が弱く殺意も薄い等々の状況があったからできたことだという感想です。

わが身を顧みず、正義感で手助けをした配達員の方は、とても素晴らしいことだと思っていますが、もし犯人の身体能力が高く「誰でもいいから殺してやる」と思っているタイプで、そのために危険度の高い武器・刃物を持っているような人間が相手ではこうはいきません。

相手の刃物や戦闘力、殺意などの状況によって異なるため、このケースが誰にでも当てはまる「正解」だと思うのは危険です。手伝ったことが却って悲劇を生む可能性があることを忘れてはいけません。

事例2　空き巣を絞め技で殺してしまった

自宅で妻と団らん中に窓ガラスを壊して突然泥棒が入ってきた。武器は侵入用の工具（ドライバー）のみで、相手側も家人がいることを予想せず、空き巣のつもりで入ってきたようだ。想定外のことに動揺した侵入者はドライバーで突いて攻撃を仕掛けてきた。

〝妻に危害を加えられたら〟と思い、家人は必死になって抵抗したところ、思っていたよりも犯人との体力差があり、犯人を組み伏せて羽交い絞めにすることができた。

しかし、犯人を離すとまた暴れるのではと思い、その恐怖心から裸絞めにして弱らせようと思い、絞めたまま警察が来るまで待っていたところ、警察が来た頃には既に死んでいた。

このときの判断と対応に間違いはあったかなかったか。また、どうすべきだったか。

絞め技の有効性と脅威を理解する

この事例は間接護身だけではなく、直接護身の意味合いを備えた例です。ですからここでは直接護身についても触れていきたいと思います。

読者の方のなかには絞め技で人を〝落とした〟経験を持つ方もいるかもしれません。柔道・柔術に限らず格闘技をされている人であれば、当然、絞め続ければ人は死ぬということも習うでしょう。心得のある方ほど「こんなことをやる人が本当にいるのだろうか？」と、疑問を持つかもしれません。しかし、今回の事例にあるような「わかっていてもやってしまう」ケースは少なからず起きています。

その理由は「相手が自分や家族を殺そうとしている」という恐怖にあります。「相手が自分を殺しにくる恐怖」、これは体験した者にしかわからない強烈な恐怖です。

どうにかしなければいけないし、相手も必死なので加減をする余裕など全くないのです。こうした場面では〝相手が死ぬかもしれない〟と思っても、極まったらその手を解く勇気はなかなかないものです。仮に相手の抵抗がなくなっても〝これは落ちたふりをしているだけかもしれない〟とも思え、絞め続けてしまうこともあるわけです。

匙加減ができるか？

今回事例としているこのケースは、少し話の内容は変えていますが、台湾で特殊部隊出身の元軍人宅に忍び込んだ泥棒を殺してしまった事件をモデルにしています。

絞め技ができるからといっても、匙加減を間違えると悲劇を生むし、熟練者であっても咄嗟の場合に匙加減が難しいということがおわかりになるかと思います

先にも触れましたが、警察官でも現場で容疑者を取り押さえる際に制圧死という事件を起こしてしまう事例はそれなりにあります。これも多くの場合、相手が大暴れするのを押さえるために〝これぐらいなら〟という匙加減ができず、全力で制圧した際に起きる悲劇なわけです。

この事例で正当性を主張しても、裁判官から多少、情状酌量を認めてもらえるかもしれませんが、刑務所に入ることは免れないし、慰謝料も膨大な金額になることが予測されます。

お読みの方には「自宅にいるところを襲われて、身を護る中で相手を殺してしまったのに有罪でしかも実刑なの？」と思われる方もいるかもしれません。しかしこの事例の場合、かなりの確率で執行猶予は付かず刑務所に行くことになります。

もし自分や奥さんが大怪我をしているなど切迫していて、ほかに手段がないと裁判官が認めてくれるような状況であれば、あるいは執行猶予がつくかもしれませんが、自分が無傷で圧倒的な力の差がある相手を殺傷した場合は、よっぽどのことがない限り難しいと思われます。これがアメリカであれば、正当防衛が認められるところでしょうが、少なくとも日本の

現行法ではこれが現実です。

ちなみに台湾の場合も「無罪、あるいは執行猶予にすべきだ」という世論の声が上がりましたが、結局逮捕されました。ただ情状酌量の余地がある案件なので、懲役3カ月、執行猶予2年、罰金9万元（約30万円）という結果となり、服役せずに済んでいます。ただし付け加えると刑事判決とはまた別に、民事でも裁判となったことは言うまでもありません。

絞め技だけを使わない

ではこの事例ではどうすればよかったのでしょうか。

このケースは「相手を制圧する」という直接護身的な要素が強いため、その人の個人的な能力（体格や運動経験、格闘能力、および精神力など）に拠るところが多く、正解と呼べるものを挙げるのには相応しくないのですが、この事例にある「相手を制圧できる」という実力差がある状況であれば、ある程度相手が弱った時点で落とさなくても、次の技にシフトする技術を習得していれば、あるいは悲劇は防げたかも知れません。

このように文章にすると「そんなことはわかってる」と言われそうですね。私もそう思います。ただ個人的に思うのは、絞め技の有効性は高いですが、それしか選択肢がなく、全力で長時間絞めたら当然相手が死ぬということを考慮の上で、自分に次の展開ができない場合はあまり使ってはいけない技のひとつではないかと思っています。

備えは技だけではない、道具も大事

直接護身的な意味ではストーカーに対する備えと同様で、道具、例えば催涙スプレーを自宅の手の届く各所に置いておけば、事情が変わってくるでしょう。武器を持っている人間に対して、速やかにかつ安全に、相手の負傷を最小限に食い止めて対処できる方法が催涙スプレーなのです。

自宅にある日用品等を使うのもいいのですが、相手が武器を持っていて、明確な殺意を持って襲ってきたときのことを考えれば、やはり催涙スプレーの方が確実です。

ですからこの事例に限っては、やや極論になりますが、より安全性を求めるのであれば、催涙スプレーをどれだけ自宅に設置できるか、それに加えて、侵入までに時間稼ぎができる家屋（防犯ガラス、ロック、防犯ライト、ベルなど）にしておくことが重要であると言えます。

日本に住んでいる人にとっては、なかなか現実感を持つのが難しいお話だと思いますが、今回の「自宅を襲撃される」という事例に対して備えるのであれば、

- **自宅の防犯設備の強化。**
- **護身具の常時設置。**
- **護身具使用法の心得がある。**
- **使用における覚悟。**

が結論となります。

なお、現在台湾に住む私は、前にも書いたとおり宅配便が来てもそのまま信用して無警戒にドアを開けることはありません。催涙スプレーと子ども用の金属バットをそばに置いて相手と対応し、万が一宅配便ではなかったときに備えるようにしています。

まず普通の人はこうしたことはしないでしょうが、防犯護身をよりリアルに考えればこうした対応がベストであり、また自分自身の意識を高める稽古の一環としても役に立っています。

その上で備えが役立つ日が来ないことを祈りつつ、毎日を過ごしているのです。

コラム #04

怒りの感情を呼吸で解消する

一方で、こちらが避けたくてもトラブルの方からやってくるケースもあるでしょう。思わず怒りに身を任せたくなることもあると思います。しかし本書で書いてきたように、感情で行動すると大抵の場合は失敗して後悔することになります。別に暴力沙汰にならなくても反論の仕方が悪かったせいで、相手に揚げ足を取られて話し合いが不利になったり、人間関係が壊れてしまったりと色々なことがあるものです。

よく私は気の弱いおとなしい人間だと誤解されるのですが、刑事の仕事で一般の方ではまず見ないような様々な現場を経験し、修羅場を潜ったこともあり、見た目のイメージとは全く違い、とても執念深いし気も強いです。

一見弱腰のような態度をとっているように見えても中身はそうではありません。感情的になるのを抑えて、その時点で決断したり行動はせず、一端保留して身を引きつつ相手の意図や深刻度を測りつつ、どうしても継続して交渉が必要なら、少し時間を置いて対応するようにしています。これはネット上でも有効な反応で間接護身のひとつです。

それでも思わず怒りで我を忘れそうになるときはあります。

そこで、ここでは私がそうした際に必ず行う儀式を紹介しておきましょう。ごく簡単で、

〝一度自分の腹を軽く叩いてから深呼吸する〟

だけです。怒りで呼吸が乱れ体温も上がり、臨戦態勢のような状態になっているところを、軽く腹を叩き、お腹を意識した深呼吸をすることで一旦落ち着かせるのです。

息を吐き切るのがポイントです。肺の中の空気を全部出し切って〝もう残ってない〟と思えるぐらい吐き出すことに集中します。これによってある程度冷静さを取り戻すことができます。

こうした方法で自分を落ち着かせることができれば、相手の挑発に乗らず、取り敢えずその場を離脱して一線を超えずに済むわけです。

これは間接護身として有効だと私は感じています。

特別編　推手を使った直接護身術

推手を応用した護身法

本書ではトラブルに至る前の段階で身を護る方法を中心にここまで紹介してきました。しかし、既に書いた通り護身の全てを想定することは不可能であるのも事実です。

そこで本書の最後に、私が日々稽古を続け大会にも挑戦し続けている推手の技術を使った簡単な護身術を紹介しておきます。いずれも杖や小型の三脚などを利用したもので、これらは携帯していても問題にならないものです。こうしたアイテムを相手の体に押し当て、後遺症の残りづらい痛みを与えて崩すもので、相手に極力ダメージを与えず攻撃の意図をくじき、自分が逃げるチャンスを作ることを目的にしています。

もちろん最善なのはこうした技術を使わないことであることは言うまでもありませんが、備えのひとつとしてお伝えしておきます。

また推手の稽古は第2章でも書いたように、肉体的な接触から相手の力やバランスとともに、呼吸や心理などがわかるため聴勁の訓練として最適です。私が行っている競技推手はそれなりにハードですが、推手自体は年齢や性別を問わず誰でも楽しめるものですので、ぜひ経験していただければと思います。

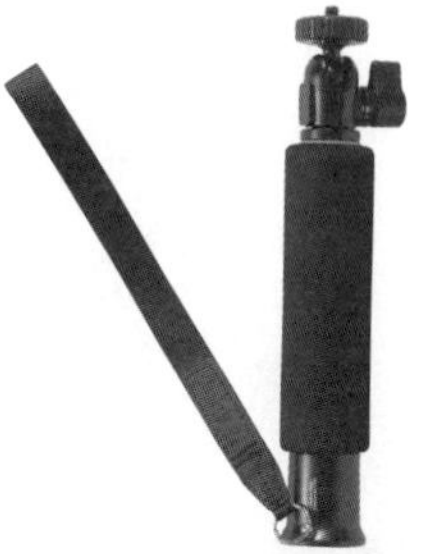

三脚
片手に収まる程度の
携帯できる三脚。

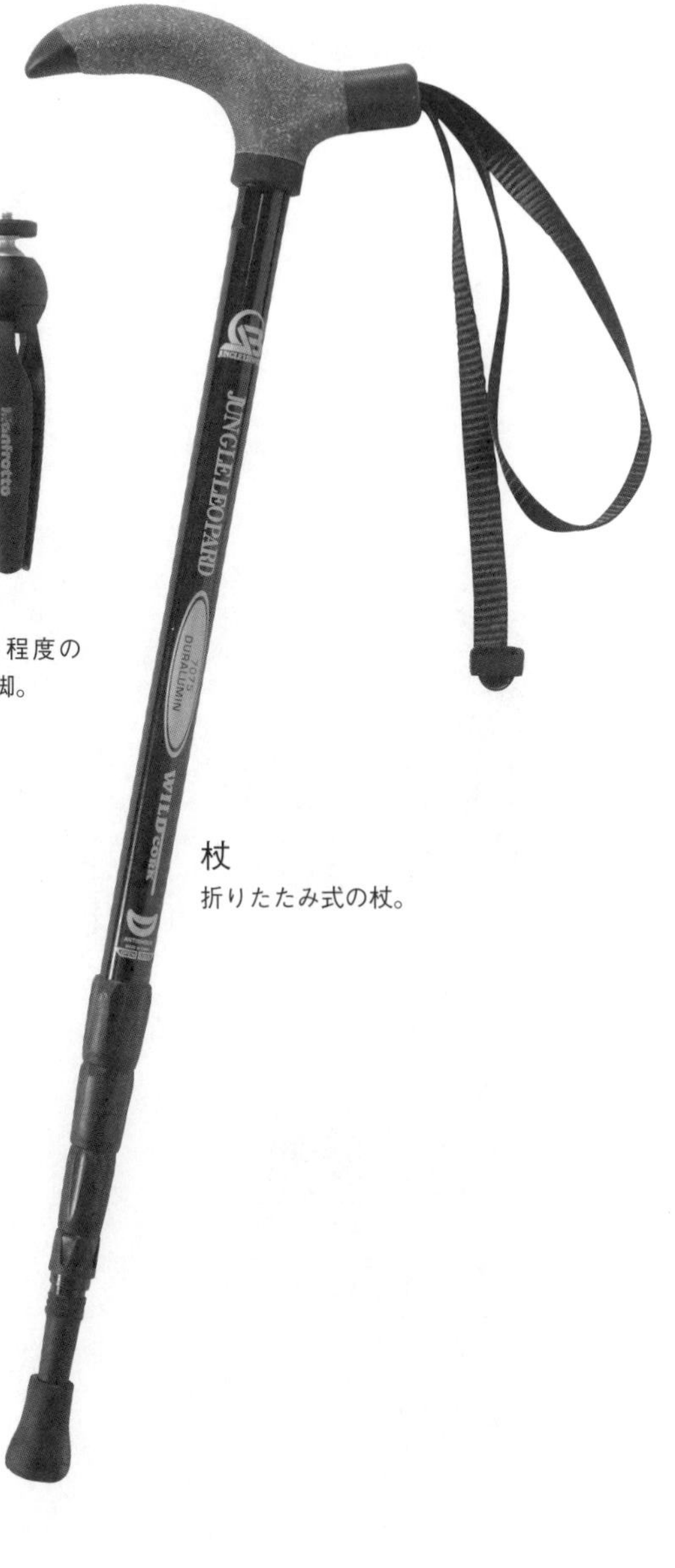

杖
折りたたみ式の杖。

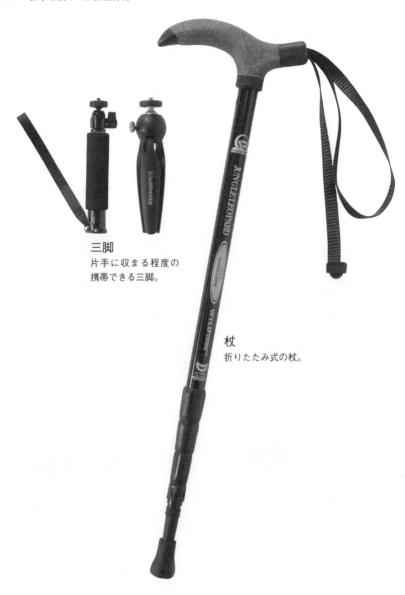

三脚で脇を押して倒す

携帯できる小型の三脚を使った技術。
01-02 掴みかかってくる相手に、
03-04 首を取りながら相手の脇に三脚を押し当て斜め上方向に上げる。
05-06 痛みで重心が崩れたところを転がすように倒す。

01

02

別角度

03

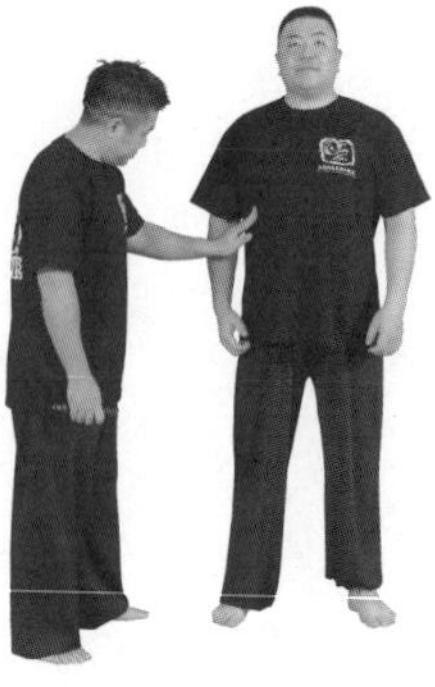

肉がつきづらい
脇がポイント。

06

後頭部を引っ掛けるように掴む。

別角度

05

04

三脚で鎖骨を押して倒す

三脚を相手の鎖骨に引っ掛けて倒す。

01-03 掴んでくる相手の鎖骨に、三脚を上から下へスライドさせて引っ掛ける。

04-06 痛みで思わず顔を上げようとする動きを利用して、転がし倒す。

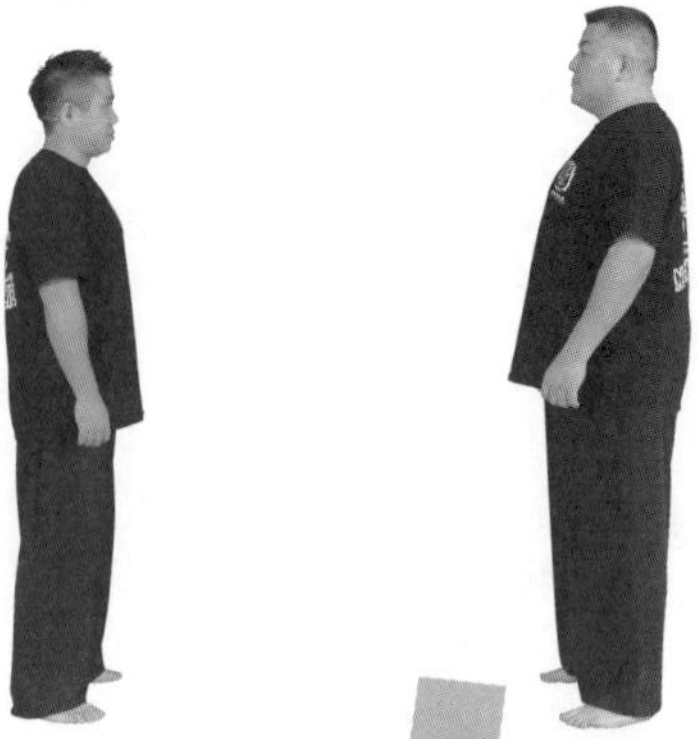

01

02

03

別角度

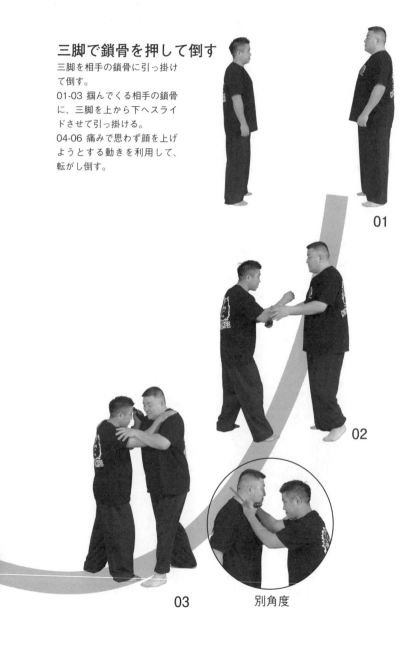

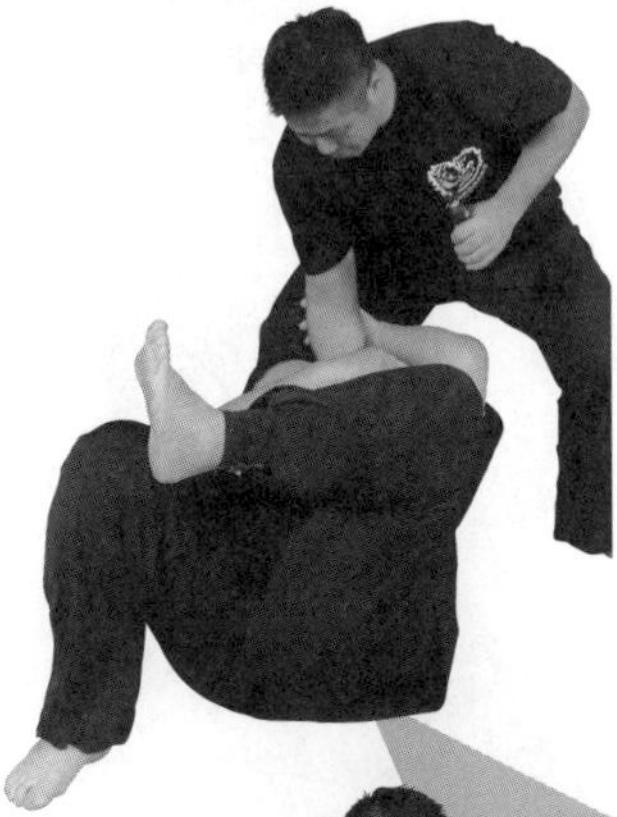

06

05

04

三脚で胸骨を突いて倒す

突く際には肘を落とし、無駄な力を入れずに行う。
狙うのは相手の胸の真ん中にある胸骨。肉が薄く小さな力でも効果がある。

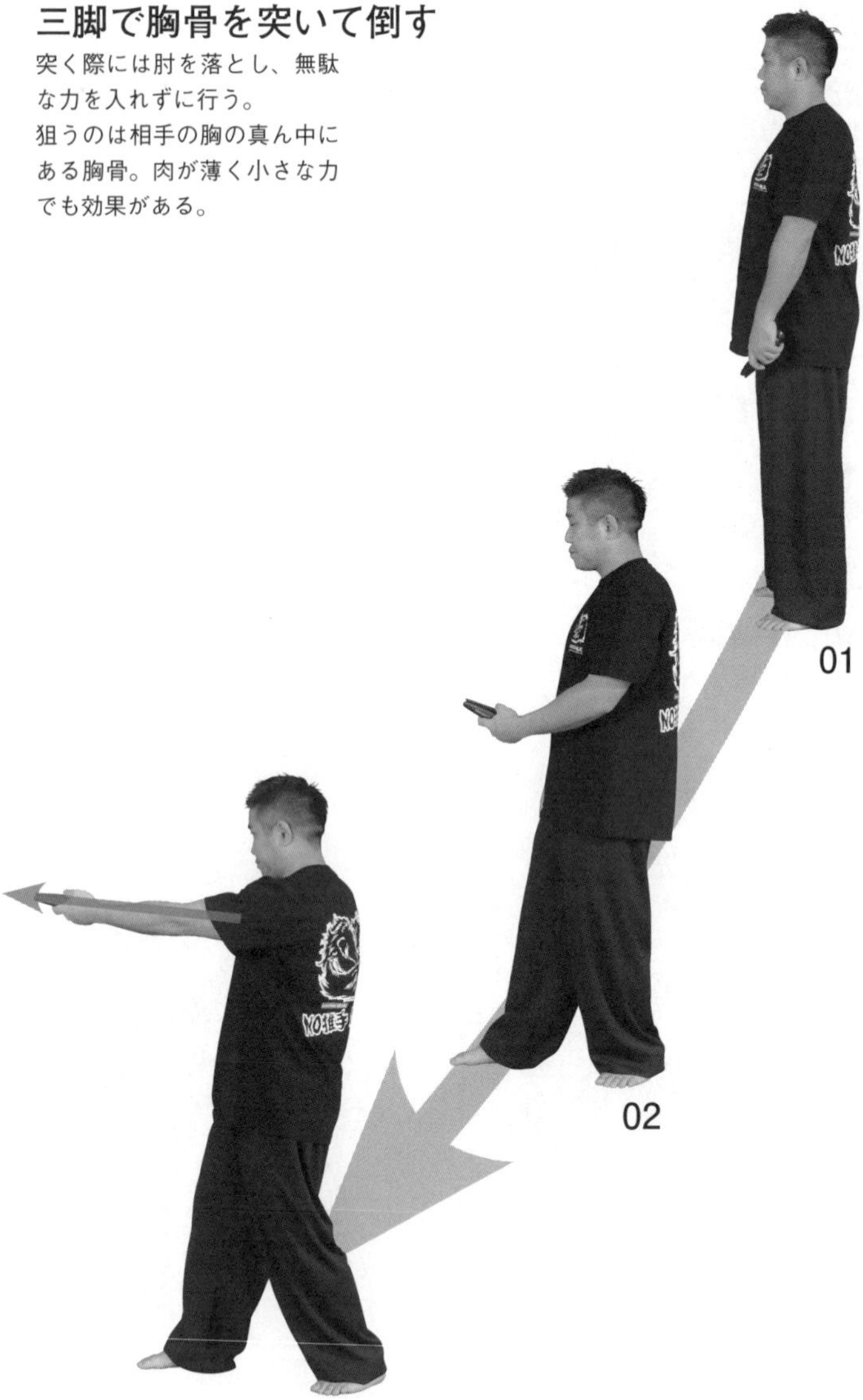

01

02

03

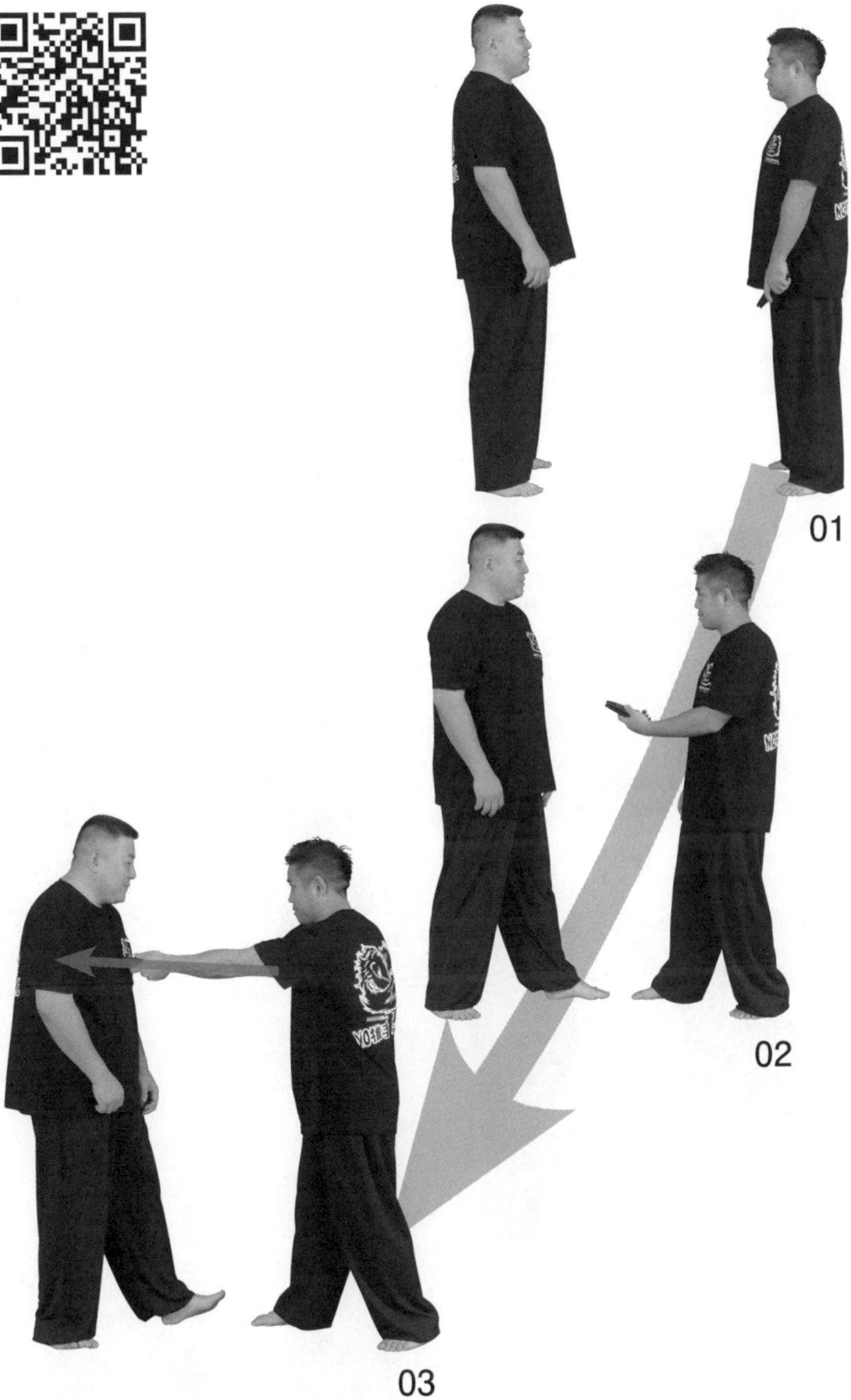
01
02
03

杖による防御①

折りたためる杖を両手把持（はじ）で使う技術。

01 杖を両手把持で胸の前に持ち、

02-03 相手のパンチを杖で受ける。その際に、少し杖を下げることで、相手の次の動きを封じる。

04-05 そのまま押し飛ばす。

01

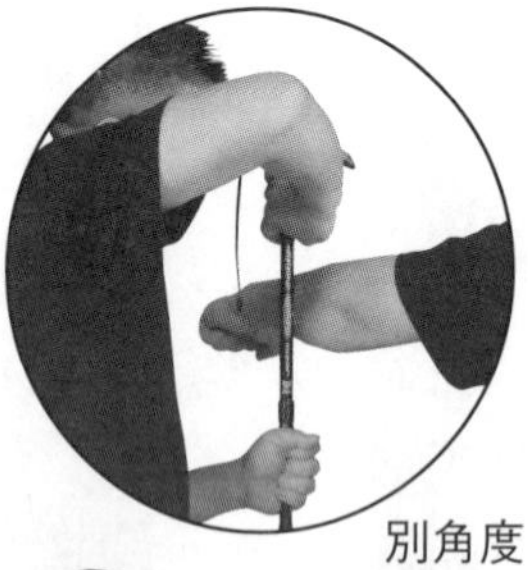

別角度

02

03

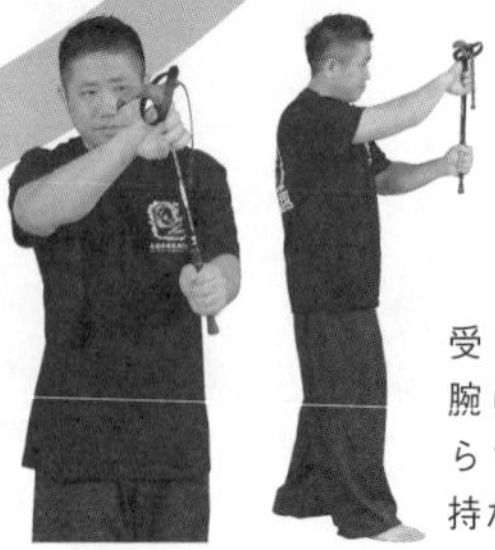

受ける際には腕は伸ばしきらず、余裕を持たせる。

NG

腕を突っ張って受けてしまうと、相手の動きが止まらず、攻撃されてしまう。

05

04

杖による防御②

相手に対して杖を持たせて行う崩し。

01-02 両手把持の杖を相手の前に出す。

03-04 反射的に杖を取ってくる相手の動きを生かしてそのまま手前に引き、

05-07 そのまま足を進め接近、片手で相手の膝裏を取り、めくるように倒し崩す。

NG
杖を取られたところで関節などを極めようとすると、殴られる危険がある。

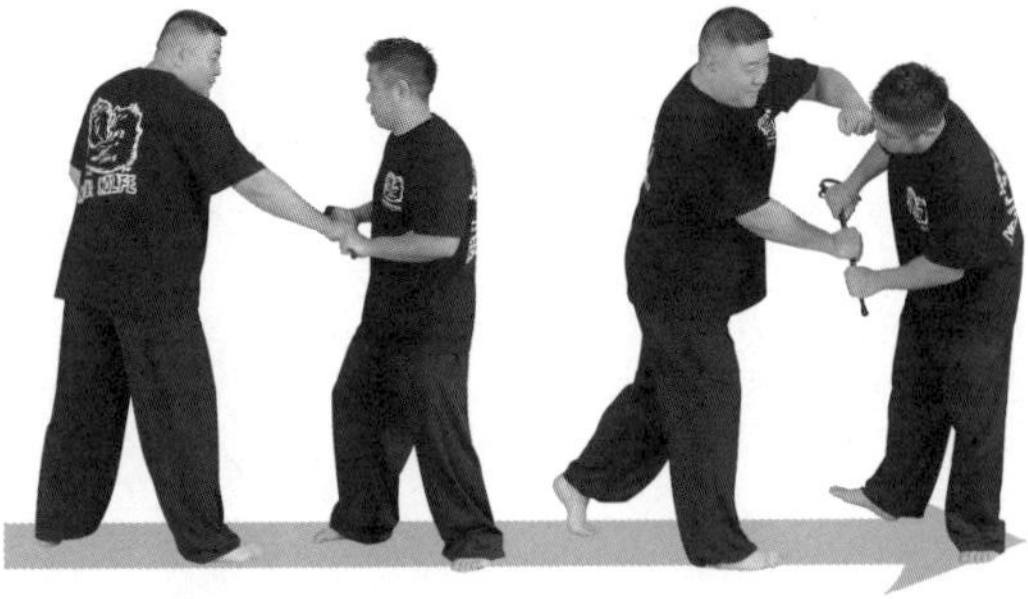

07

06

05

杖による防御③

杖を使って接近してくる相手を排除する。

01-03 掴みかかってくる相手に対して、

04 脇腹に杖をあて、

05-06 押し崩す。この際に真っ直ぐ押すのではなく、斜め方向に押すのがポイント。

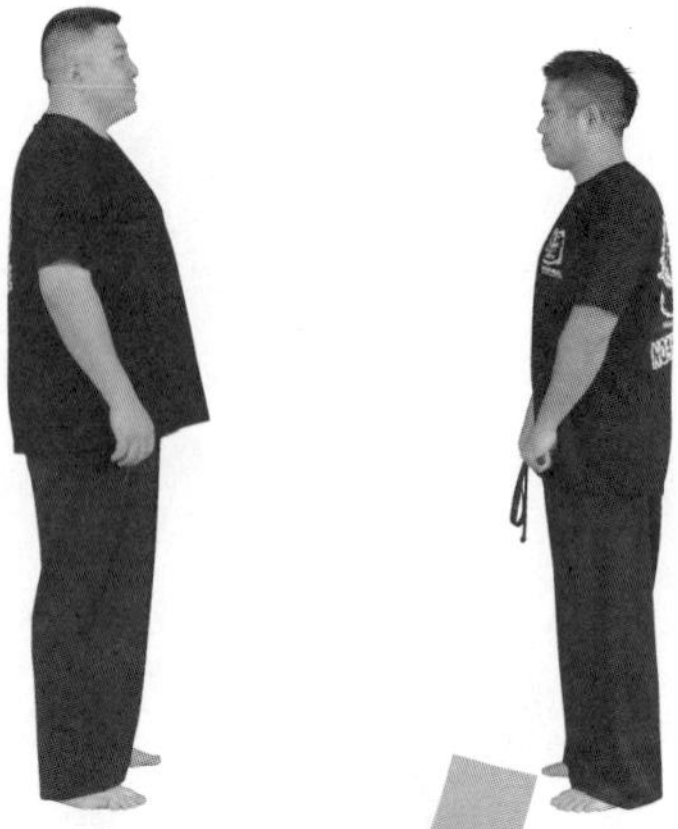

01

02

03

腕で押すのではなく、全身の力を杖に乗せて行う。

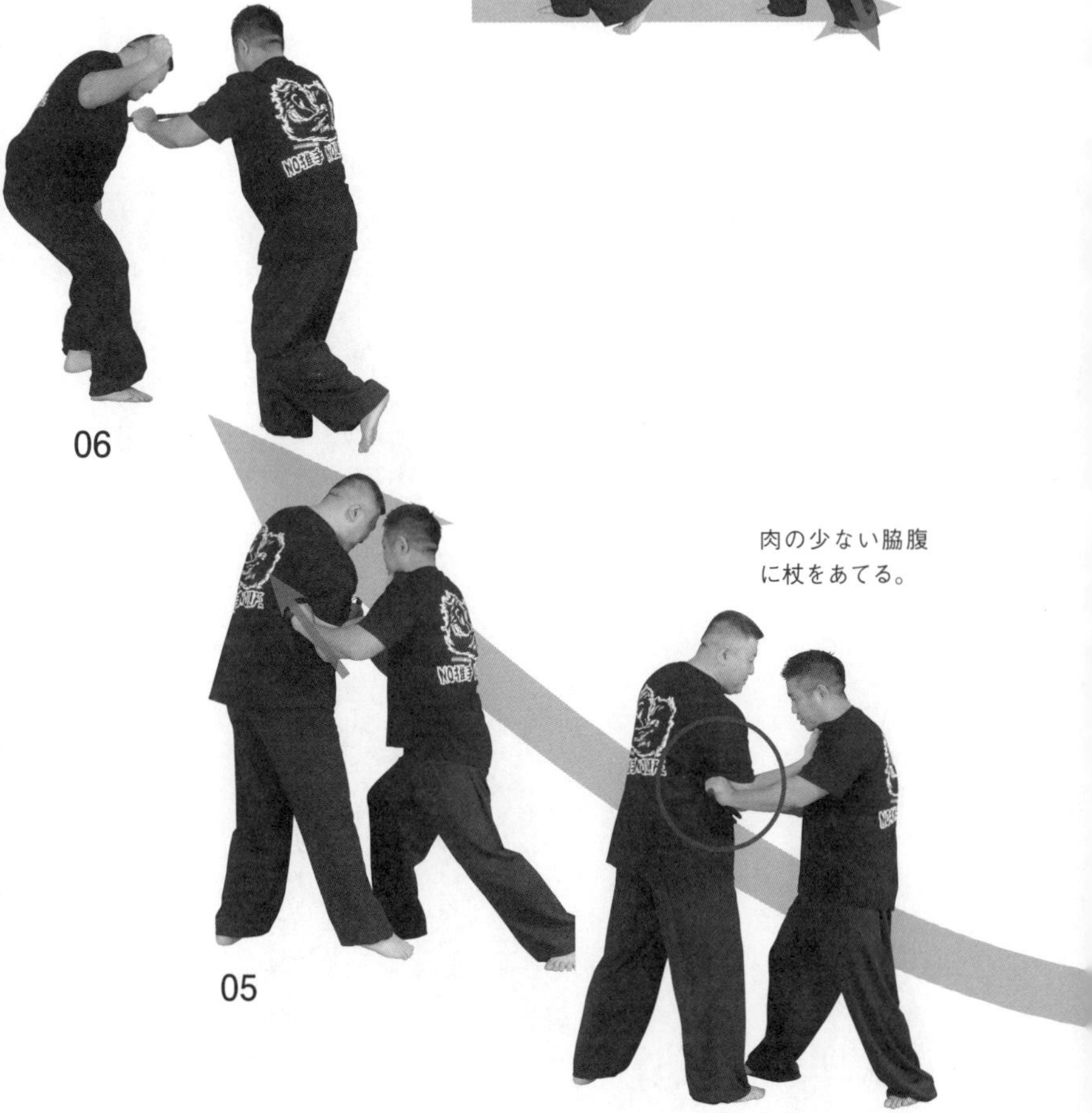

06

05

肉の少ない脇腹に杖をあてる。

04

杖で肘に接点をつくり倒す

杖を肘に引っ掛けて崩し倒す。

01-02 胸ぐらを掴んでくる相手に対して、

03-04 片手を抜きつつ杖を持ち上げ、

05-07 杖を肘に引っ掛け、反応する相手の動きを利用して転がす。

07
06
05

杖で首に接点をつくり倒す

杖の頭の部分を首に引っ掛けて崩し倒す。

01-03 掴みかかってくる腕を押さえながら、杖を相手の首に引っ掛ける。

04-05 回すようにして崩し倒す。

杖で鎖骨に接点をつくり倒す

杖の頭の部分を鎖骨に引っ掛け崩し倒す。

01-03 掴みかかってくる相手に対して、杖を上からスライドするように鎖骨に引っ掛け、

04-05 痛みで反射的に頭を上げようとする動きを利用して崩し倒す。

01

02

03

04

05

杖で脇に接点をつくり倒す

杖を相手の脇に当てて崩す。
01-02 掴みかかってくる相手に対して、
03 杖を相手の脇にあて、
04 一度斜め上に押し上げ、相手の重心が上がったところで、
05-06 下へと変化させて崩し倒す。

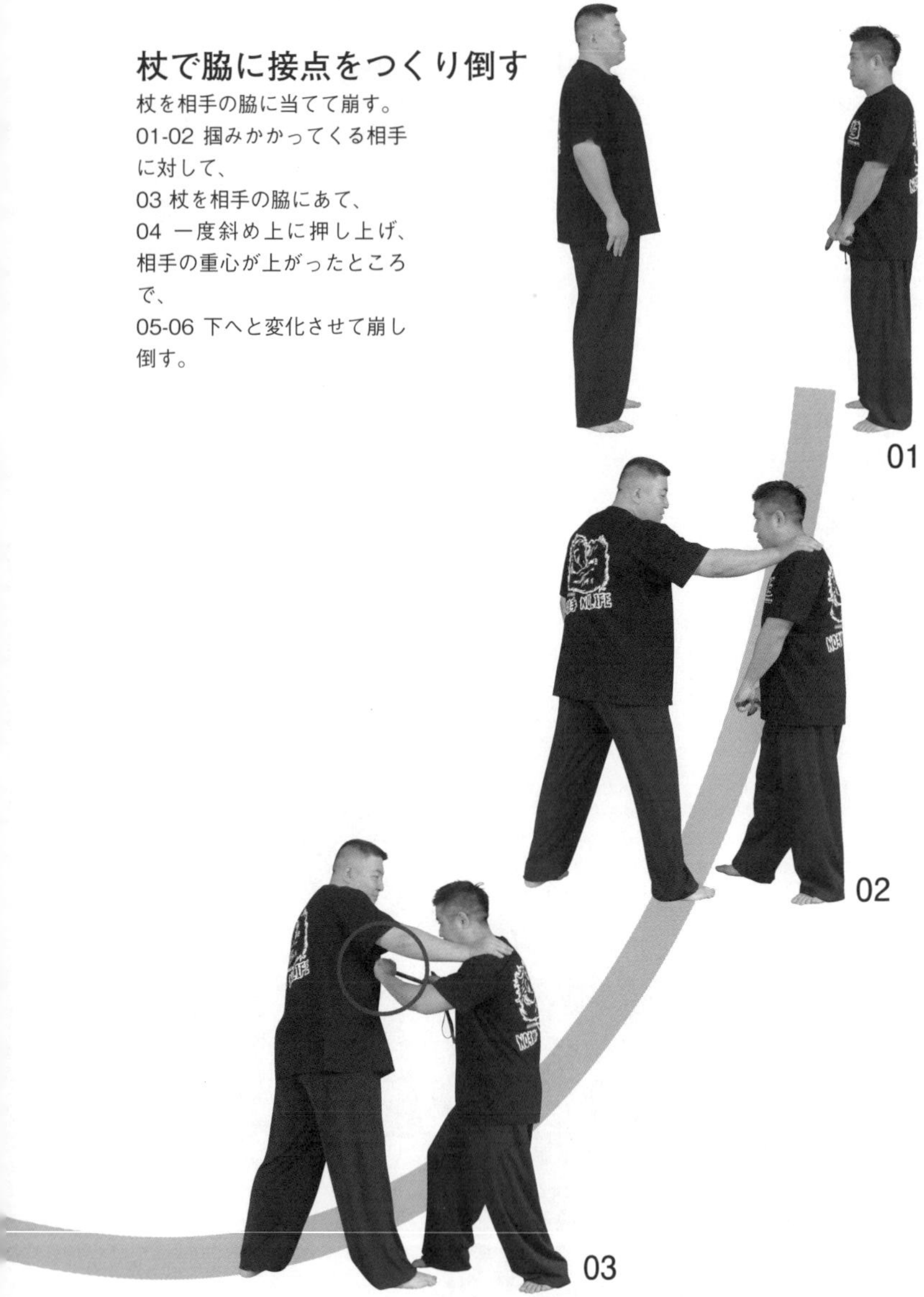

06

05

04

杖を回して投げる①

抱きついてきた相手を腰投げで倒す。

01-02 抱きついてきた相手に対して、

03-06 一度杖を抜いて相手の背中側に回す。このとき、グッと杖を相手の背中に押し付けることで、相手の動きを止める。

07-09 足をスライドさせ、腰の溜めで投げる。

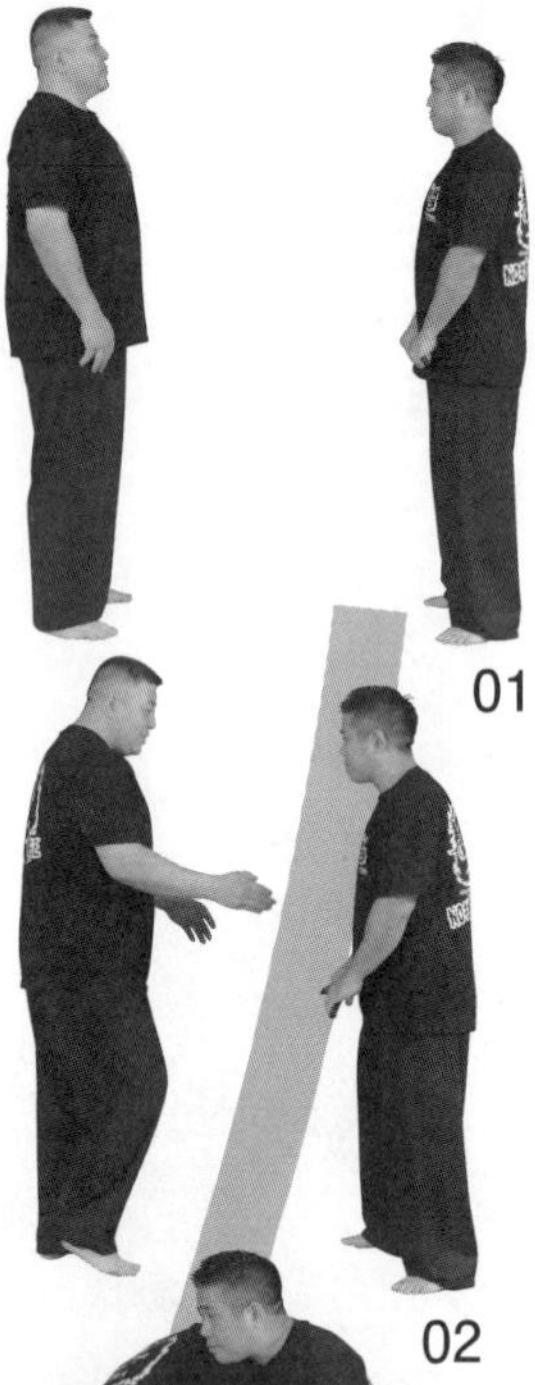

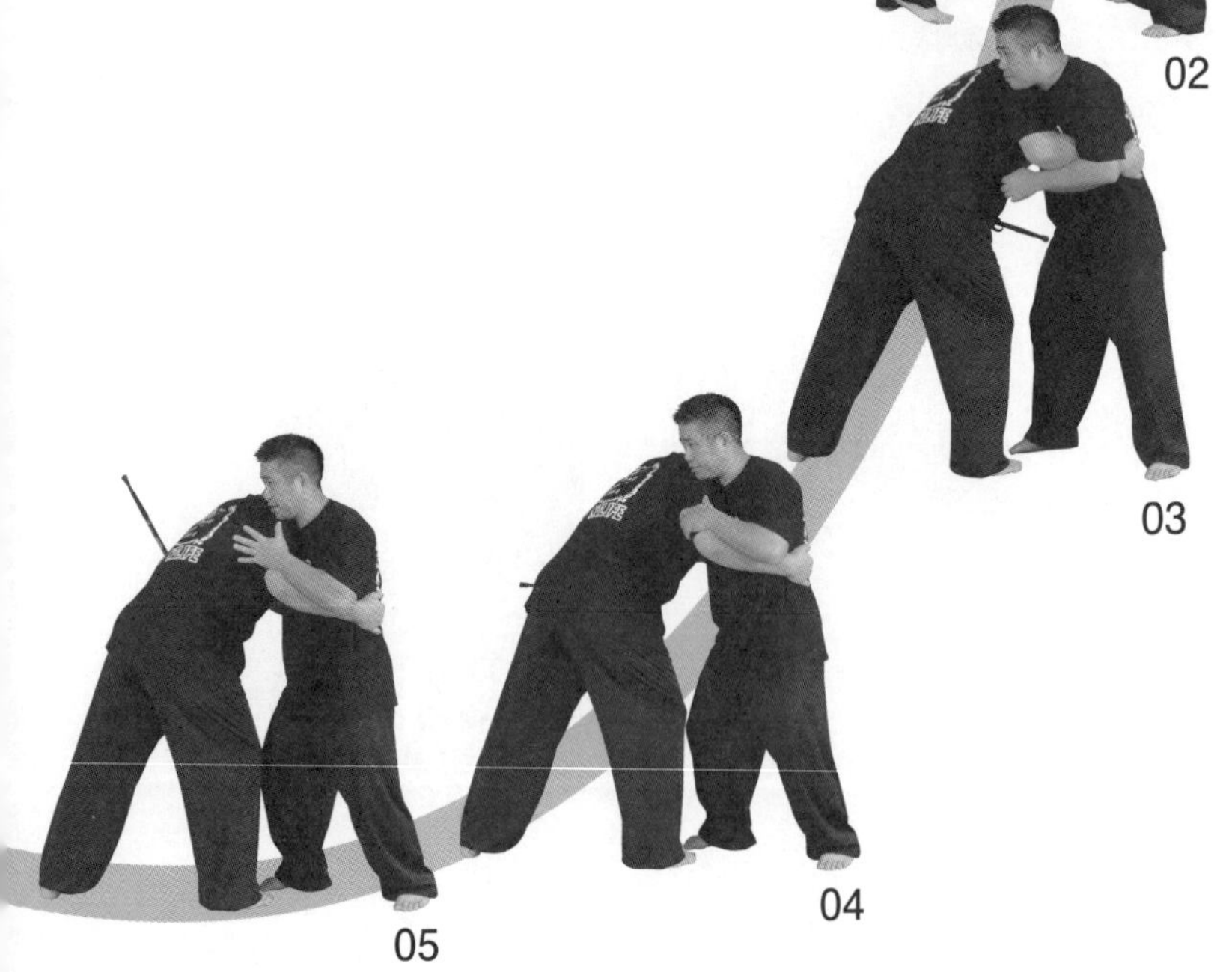

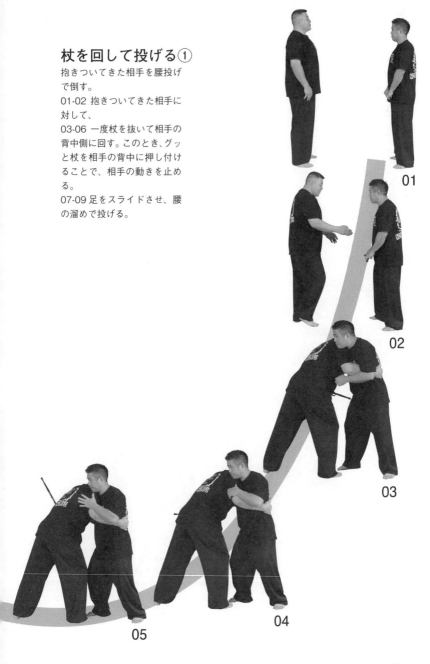

09
08
07
06

杖を回して投げる②

抱きついてきた相手を首投げで倒す。

01-02 抱きついてきた相手に対して、

03-04 一度杖を抜いて相手の首に杖を回す。このとき、杖の頭の尖ったところを相手に押し付けつつ足をスライドさせ、

05-06 首投げで投げる。

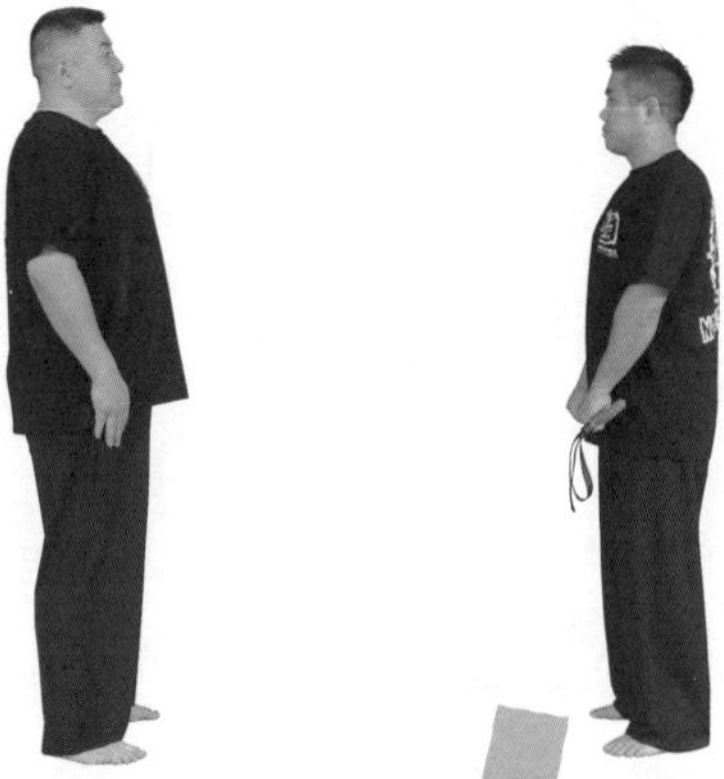

01

02

03

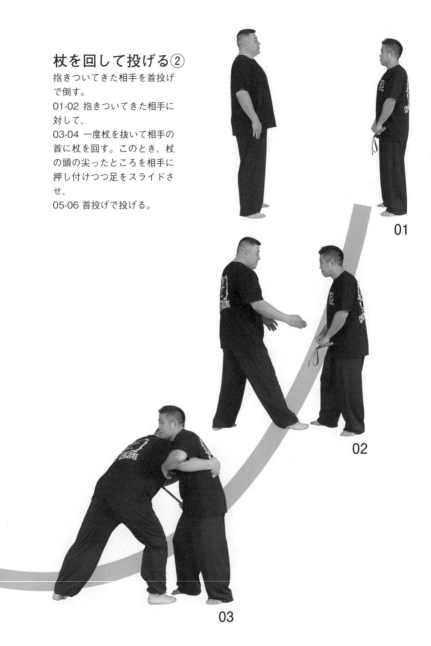

06
05
04

杖による突き離し

両手で持った杖を相手に押し当て突き放す。
01-02 掴んできた相手に対し、
03 両手把持のまま相手に杖を押し当て、
04 片側をスライドさせスペースを作り、
05-06 突き込む。

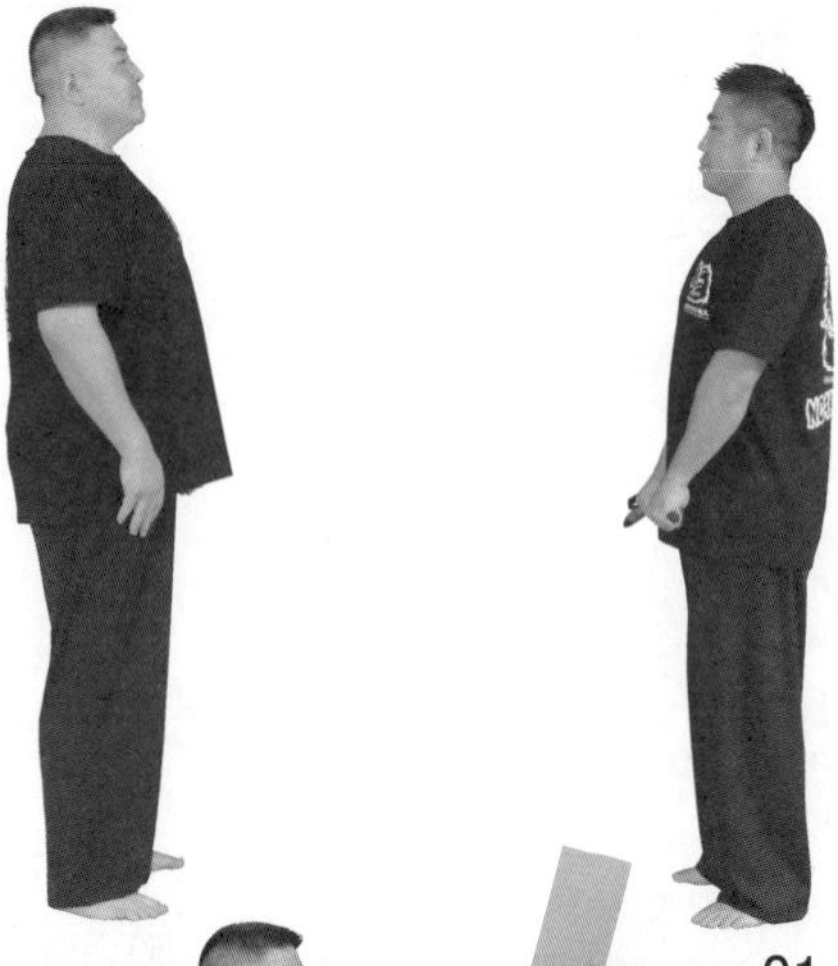

01

02

03

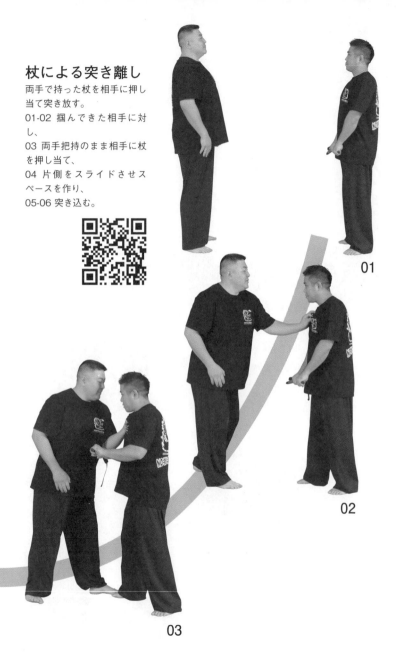

06

05

04

推手について

推手を説明するのは難しいです。理由は流派や団体によって様々なものがあるからです。

私が本書でご説明するのは自由推手と言われるものです。ルールはお互い自由に相手の体に触れて接点を作り崩しあう、または投げるものです。制限はありますが、互いに自由攻防を繰り広げられるので、相手を察知する、操る、居付かせる、リズムを乱すなどの作用を仕掛ける必要があり、ランダム性の中で活用できる技術の習得にとても役立ちます。

また、制限が多いので互いにケガをしにくいというメリットがありますが、デメリットは仕組みが理解できないと、ただの力ずくの押し引きになり、意味をなさなくなることです。

自由推手では、相手と自分をつなぐ感覚が大事です。互いにただ触れ合っていても、それだけではつなぐとは言えず、言葉に置き換えるなら、自分だけが接点から相手の重心を即時に操作できる状態を指します。これを利用して、次に絶対的優位性、つまり相手が数瞬の間、防御も攻撃もできない状態を作り、崩し投げるのです。

レベルが上がるに従い、より無駄を削り人間が本来持っている体の使い方を自在にし、本棚に本を入れる程度の動きと力で相手を崩すことができるようになります。これができると推手の目的を達成するとともに、推手という制限を取っても、自在に体現できるレベルだと言えるでしょう。

推手の原理

基本的には、①相手を押す力、②相手の反発する力、そして③別角度の力、の三つによって成り立っている。

ここではわかりやすいように、片手で行っている。

01 相手を押す力とそれに反発する力が拮抗している状態。
02-04 ここに第三の力を別角度で加えることで崩れる。

01

02

03

04

推手の基本「崩し」

相手とのつながりを利用した崩し。

01 押してくる相手と接点ができた、いわゆる「つながった」状態。
02-04 この「つながった感覚」を壊さないように、第三の力を加えることで崩す。

推手の基本「飛ばし」

拮抗状態を作ったうえで、別角度からの力で相手を飛ばす。

01 相手と自分の力が拮抗した状態。
02 この状態を維持したまま、体を沈みこませる。相手は力が拮抗した状態のため体勢が変わったことがわからない。
03 別角度の力で相手を飛ばす。

01

02

03

推手の基本「呼び戻しの投げ」

相手の力を利用した投げ。
拮抗した状態で相手を押し、相手の押し返してくる力を利用した投げ。

01 がっちり押さえられて拮抗した状態から、
02 グッと押し返す。
03 反応して押し返してくる力をそのまま受け取りつつずらし、
04-07 崩し投げる。

01

02

03

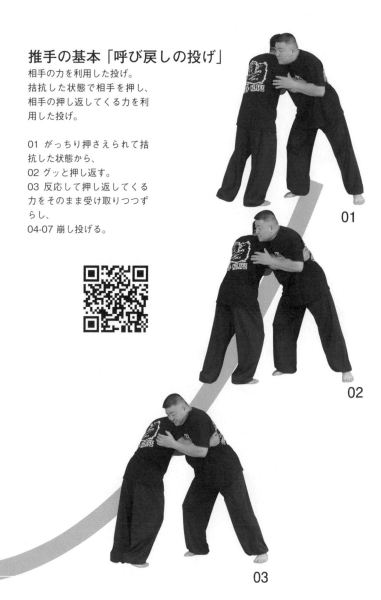

07

06

05

04

おわりに

刑事にはそれぞれに取調べの方法があります。

大まかに分けると3つのタイプで、Aタイプは昔ながらの刑事で高圧的に怒鳴り散らし、追い込みをかけ、被疑者を肉体的にも精神的にも弱らせて自供を強引に取り処理するやり方です。

Bタイプは被疑者に情を掛けつつ、じっくりと話を聞き、譲歩できる点は譲歩してやり、それを相手に恩義に感じさせて、自供を引き出したり、裏付けを取るのにも素直に供述させて、遅滞なく供述させるというやり方です。

Cタイプは淡々とありのままをただ無機質に取調べ、被疑者が自供しようが否認しようが特段関係なく、証拠があれば否認のまま証拠を提示して処理していくというスタイルです。

私の上司にはAタイプが多かったのですが、前科がある歴戦の古強者タイプの犯罪者が相手だと互いに敵対するだけで、完全黙秘で取調べにならないこともよくありました。また、最近話題になっている痴漢冤罪の原因になる危険性もあります。

Bタイプは暴力団や覚せい剤の組織犯罪対策課の刑事に多いやり方で、顔馴染みの常連的な被疑者の多いこともあり、このタイプが多くなる傾向があります。細かな事情を把握しているので効果がある反面、相手に譲歩をしすぎると自分自身が法に触れるようなことにもなりやすく、それを被疑者が利用して「利益誘導されたから、自供した」などと言われてしまうリスクもあるわけです。

Cタイプは現代の若い刑事に多いやり方です。淡々と目の前の事件と被疑者に質問をして処理するもので、これはこれで悪くはありませんが、被疑者の心を良くも悪くも揺さぶることがないため、事件の取調べにおいて絶対に必要な被疑者にしか知りえない事件の核心的な事実の自供、いわゆる「秘密の暴露」が取れないまま進んでしまうことがあります。

そのため、最終的な局面で、検事から厳しい駄目出しや指摘を受け、起訴直前になって慌てて再度、無駄に時間を掛けて取調べをするというようなこともあります。

取調べのスタイルというのは、じゃんけんのようなもので、相手のタイプを間違えると効果が無く失敗や問題を招きます。

どのスタイルも一長一短がありますが、実際には一つの方法に固執しないことが重要であり、そのためには被疑者の特性を取調べ前から把握することが重要です。

ここまで読まれた方は、何か思い出さないでしょうか？

そう、イソップ寓話の『北風と太陽』です。

私は取調べの本質と奥義は『北風と太陽』にそのままあると考えています。

北風が旅人に無理やり冷たい風を当ててコートを強引に剥ぎ取ろうとしても、旅人はより一層コートをきつく身に纏うだけです。ところが太陽が日を照らして暖かくしたら、旅人は自らコートを脱ぐ。これは取調べにおいて、私の最も大事な規範でした。取調べもやり方を間違えれば『北風と太陽』そのもので、被疑者が頑なになり上手く進みません。

ではどうすれば事件処理がうまくいくか？　これが本書で述べてきた相手の細部を観察し洞察することです。まず事件自体を素直に認めているのか認めていないのか。「認めている」と言っても油断してはいけません。実は被疑者が代理で出頭していたりすることもあるからです。さらには被害者や参考人と裏で手を組んでいたりもするので安心できません。被疑者が狡猾で何か狙いがあるタイプなのか、それとも純朴なタイプなのか、情に揺さぶられるのに弱いタイプか、それとも無感情なタイプか、激高しやすいか温厚なのか、病的な嘘つきなのか、サイコパスか、精神的な問題を持っているか、こうしたことを取調べの最初に行う弁解録取書作成（112ページのコラム#01参照）の時点で見極めるのが大事です。

見極めたらその方向性に間違いがないか、相手と実際に対峙しながら作業を進めて、一番合理性のある方向へ進めます。

間接護身の根本は〝情〟

これまで書いてきた刑事的な『北風と太陽』を、一般の話に例を置き換えていくとどうでしょう？

友人の付き合いで色々なマンションのモデルルームに行ったときのことです。営業スタッフにも一方的に強引なトークで販売を仕掛けるところや、やんわりと話の共通点を探って、情というかけ橋を作って、かつ相手の買う気や経済状況、家族構成などを見定めた上で相手が納得するような話を勧めようとするスタッフもいます。また、ただ事務的に淡々と対応をするスタッフもいて、自分の仕事との共通項が感じられ、とても面白い経験でした。

いずれにしろ交渉や取引を成功させるなら、情で相手とつないでいって、やりとりを膨らますのが一番いいだろうと思います。

それには事件の取調べと同様に、やはり細やかな洞察が重要だと思います。

相手の買う気や経済状況などを見定める洞察もそうですが、相手の心理状況やこちらに対する信頼度や好感度などを細やかに洞察できていることが、相手との会話のキャッチボールを成立させ、信用を増すことで自然に情で結びついた重要な取引先になることができます。


実は私は警察官になる前は、ルートセールスの仕事を1年ほどやっていました。意外に思われるかもしれませんが、私はかなり成績が良い営業マンでした。もちろん当時の私には、ここで書いてきたような洞察力はありませんし、相手におべんちゃらを言って、ゴマをすれるような器用な人間でもありませんでした。しかも競合する業者がひしめいていて、油断すればすぐにお客さんを取られてしまう環境でしたから、私のような不器用な田舎者では本来なら勝負にすらならないはずでした。

ではなぜ私の成績が良かったのか？　答えは実にシンプルなことでした。当時の私は青森から出てきたばかりですごく訛っていて、コンビニで「肉まん一つ」と言っても店員から「は？」と聞き返されて周囲の客からも笑われるような、まさに野暮ったい田舎者だったのです。

そんな不器用な田舎者が50キロくらいある荷物を持って必死な様子で足を運び、訛った大きな声で元気に挨拶をする姿を見て、取引先の会社の方たちは、なんとなく〝こいつを応援してやろう〟という情が湧いたのでしょう。

私の方はそんな風に思われているとは思わず、ただ都会に慣れて生きていくことと、警察官採用試験に合格しようと、それだけで精いっぱいの日々でした。ですが、今思い返すとよく差し入れをもらったり、取引先の偉い人から「頑張れよ」と声を掛けてもらい、新しいお客さんを紹介してくれることも多く、私の姿から何かを感じて助けてくれていたのだろうと思います。

逆にもし私がこの点を利用しようと、やましい気持ちを持って田舎者をアピールしていたら、それを見抜かれ好意を持って接してもらえることはなかったでしょう。

情で人と接し、仕事をするというのは理想的なことですが、そこに邪心がないことも大事な要素だと思います。

情での付き合い。これは仕事でも私生活でもそうですが、情を大事にしていくと人とのつき合いもうまくいき、不用意な怨恨からの刃物沙汰やつまらないトラブルなども起きづらくなり、何か問題が起きても解決を手助けしてくれる人が必ず現れます。

間接護身に大事なのは仕事も私生活も、情を大事にして、人と付き合うことではないかと、今さらながら改めてよく感じます。情を大事にして人と付き合うことが、護身における最大の武器であり盾となるものなのかもしれません。

こうしたことも今だから言えることであって、以前はやはり我慢の限度を超えることをされれば感情的になって即座に反撃し、二度と反撃できないように心が折れるまで相手を打ち負かすことをよくやっていたわけです。

しかし、そういったことに時間とお金を割いていることがどれだけ無為なことであったか、今だからこそ感じるから言えるわけです。

色々な人がいます。相手を利用するためだけに狙ってくる人。騙してやろうとする人。そうではなく親身になって、自分の経験から失敗や苦労がないように導いてくれる人。大事なのは自分のために労を取ってくれた人や、親身になってくれる人を大事にすることです。争いはどうにもやむを得ないところまで譲歩し、冷静に考え最後の手段にする。これも大事なことかなと感じます。

最後までお読みいただいた方々にはお礼の言葉しかありません。

ここで一点お詫びがあります。今回の文章は断定的なことがあまり書けなかったところがあります。「事件は生もの」とはよく言ったもので、全てが違うことが身に沁みている経験から「この場合は絶対こうです」「こうすれば大丈夫です」という物言いで書くことができなかったのです。実際に様々な結果を見てきたからこそ、断定した書き方ができず苦悩して書き進めたところもあります。

また、ウェブマガジン『コ２』連載時から、ある程度調べたり研究してアップデートはしているものの、私が現場で得た経験ももう古く、現在は科学捜査や法改正・整備など、飛躍的に進化しているものもあります。

その点も踏まえてお付き合いくださったことに感謝します。

本当にありがとうございました。

２０１９年４月　葛西眞彦

主な参考文献

『平成28年版　犯罪白書』（法務省）
『平成30年版　警察白書』（警察庁）
『犯罪統計書　平成27年の犯罪』（警察庁）
『考現学入門』　今和次郎（ちくま文庫）
『新版大東京案内〈上〉』　今和次郎（ちくま学芸文庫）
『日本の民家』今和次郎（岩波文庫）
『今和次郎と考現学　暮らしの〝今〟をとらえた〈目〉と〈手〉』（KAWADE道の手帖・河出書房新社）

葛西眞彦（Masahiko Kasai）

かさい・まさひこ。1977年10月26日生まれ、青森県出身。間接護身アドバイザー。

某県において、知能犯係を中心に約11年勤務。詐欺罪等を中心に取り締まり担当の刑事として勤務し、覚せい剤や暴力団等の組織犯罪対策業務も並行して経験。

危険な現場も多く、培った武術武道の技術がどうすれば現場で通じるかを研究。現場での実戦と訓練のずれをまとめながら、ランダムな状況の中で使える武器術を追求。特に対刃物に特化した警棒と杖の使い方に習熟し、学んだ技術を独自に昇華し、現在中国武術との融合を兼ねながら、さらなる研究を続けている。

幼少から様々な武道、武術を学んできたが、現在は台湾で武器を使った競技格闘技を指導しながら、太極拳、詠春拳、八極拳の修行に明け暮れる。

また、日本人では初の中華民国八極拳協会の教練試験に合格し、認定を受ける。現在は競技推手教練であり、最重量級においての競技推手世界一を目指している。世界大会2位、国際大会1位、全国大会1位の実績を持ち、台湾および世界中の人間が集まるハイレベルな競技推手の大会に足跡を残した、唯一の日本人である。

台湾ではこれまでの経験をまとめた、心理学と人相学と筆跡で人を読む本と、護身術の本を出版しており、今後は日本でも同様に護身術や武術、読心術関連の執筆や講演と、競技推手、競技武器術の普及活動に力を注ごうと準備中である。全日本競技推手連盟顧問。

メールアドレス（taiwankoubukai@gmail.com）

板野眞雄（Masao Itano）撮影協力

いたの・まさお。1982年生まれ。岡山県出身。

空手・総合格闘技をはじめ各種の武道・武術・格闘技を修行する。2011年、刀禅に出会い、後に本部道場のある埼玉県蕨市に居を移し、さらなる研鑽を積む。2016年、葛西師範と出会い、競技推手に触れる。同年、台湾に渡り、現地の国体選抜選手強化練習に参加。2017年、その実力と姿勢が高く評価され、葛西師範の主催した競技推手セミナーにて指導を行う。以降、日本での指導を担うべく、全日本競技推手連盟の代表に任命される。日本における初の競技推手指導員として、埼玉県東浦和教室にて教練を務めた。

2017年10月、台湾最大の全国大会である「第7屆總統盃全國太極拳錦標賽」青年男子第十級（100kg超）にて優勝、世界大会3位。2018年1月より拠点を岡山に移し、地元を中心に活動中。全日本競技推手連盟代表。

全日本競技推手連盟（https://tuishoujapan.tumblr.com）

本書について

本書は、WEBマガジン コ2【kotsu】(http://www.ko2.tokyo/)上で、2017年4月より2019年1月まで連載された、「実践、超護身術」を基に増補改訂したものです。

WEBマガジン コ2【kotsu】では、武術、武道、ボディーワークをはじめ、カラダに関することを情報発信しています。企画のご相談、執筆なども随時承っていますので是非、ご覧ください。Twitterアカウント:@HP_editor

本当《ほんとう》に大事《だいじ》なものを護《まも》りたい人《ひと》が知《し》っておくべきこと

間接《かんせつ》護身《ごしん》入門《にゅうもん》

●定価はカバーに表示してあります

2019年5月20日　初版発行

著　者　葛西《かさい》 眞彦《まさひこ》
発行者　川内 長成
発行所　株式会社日貿出版社
東京都文京区本郷5-2-2　〒113-0033
電話　(03) 5805-3303（代表）
FAX　(03) 5805-3307
振替　00180-3-18495

印刷　株式会社ワコープラネット
写真撮影　糸井康友

ISBN978-4-8170-6027-3
http://www.nichibou.co.jp/